RIGOLOTHÉRAPIE

ISBN : 978-2-84445-957-2

www.editions-tredaniel.com
info@guytredaniel.fr

Michel Dogna
Anne-Françoise L'Hôte

RIGOLOTHÉRAPIE

300 PRESCRIPTIONS MAGISTRALES
CONTRE LA SINISTROSE

Guy Trédaniel Éditeur
19, rue Saint-Séverin
75005 Paris

AH AH AH AH AH AH

Méfiez-vous des gens qui ne rient pas...
Ce ne sont pas des gens sérieux.

Alphonse Allais

PRÉAMBULE

Dans RIGOLOTHÉRAPIE il y a THÉRAPIE.

Les Gaulois l'avaient dit :

« Faut rigoler pour empêcher le ciel de tomber ! » (dixit *Henri Salvador)*

Oui, mais en plus, pour être en bonne santé et vivre longtemps, il faut rire **un quart d'heure par jour** (c'est un minimum).

Bref, le rire fait **broyer du blanc au lieu de broyer du noir.**

C'est un exutoire qui dédramatise, qui rassure, qui donne du courage et un optimisme démesuré.

Exemple :

– Combien sont-ils ?

– Deux cents !

– Combien sommes-nous ?

– Cinq !

– Ah, ah, ah !!! (rire)… ENCERCLONS-LES !

Un ami qui avait fait Dien Bien Phu (je ne suis pas sûr de « l'ortografe »), m'a raconté qu'à un moment, ils se sont retrouvés deux survivants dans une tranchée pendant que les obus pleuvaient comme la mousson. Alors qu'ils ne savaient pas s'ils vivraient encore dans la seconde qui suit, ils exorcisaient leur « trouille » en se racontant des histoires… DE CUL.

En kinésiologie, on constate que la moindre pensée qui brasse des choses désagréables casse l'énergie, et je rajouterai… les défenses immunitaires.

Inversement, les pensées gaies augmentent considérablement l'énergie vitale… et les défenses immunitaires ! Alors ne vous gênez pas, mettez du gai par-dessus votre morose, et appliquez la formule militaire :

P/M = P (Peinture sur Merde = Propreté)

Évidemment, l'expression « **mort de rire** » peut être de nature à inquiéter certains, les portant à interpréter que le rire peut être mortel ! Il est vrai qu'il a fait partie des supplices chinois. De fait, on rencontre régulièrement des gens qui paraissent traumatisés par cet aspect disons iatrogène, et qui de ce fait ne veulent pas prendre le risque inutile de se laisser aller à rire… Certains sont même carrément atteints de rigolophobie pernicieuse qui peut dégénérer à moyen terme en *sinistrosa morbidicus*, fort heureusement non transmissible sexuellement.

Remarquez que ce qui fait rire les uns ne fait pas rire les autres, ceci en fonction de leur culture, de leurs soucis, de leurs peurs enfouies, de leurs obsessions ou de leurs blocages. Pour ma part, j'utilise cette technique pour détecter les « cordes sensibles » des personnes que je découvre.

Dis-moi de quoi tu ris et je te dirai qui tu es !

En outre, il faut savoir que le rire est un stress, un bon stress bien sûr, mais un stress quand même, qui n'est ni triste ni gai ; de fait, quand on « pleure de rire » on ne sait plus vraiment où l'on en est ! Quand on se pisse dessus (de rire) non plus d'ailleurs. C'est dire qu'une bosse de rire, ça crée du remue-ménage là-dedans, et que ça remet de l'ordre dans les boyaux de la tête.

Pour séduire les femmes, faites-les rire !

Vous avez en somme ici un aide-mémoire du parfait séducteur… à exploiter avec adresse et à propos, à petits coups, au hasard des événements journaliers.

Cachez bien ce livre, potassez-le régulièrement, apprenez-en le maximum d'histoires par cœur, et laissez croire que toutes vos histoires désopilantes sortent tout droit de votre tête, **vous serez alors le phœnix des salons où l'on cause !**

Mais il n'y a pas que cela, songez à toutes les ambiances lourdes, coincées, constipées, où vous pourrez détendre l'atmosphère en mettant un pavé dans la mare avec une ou deux histoires adroitement choisies.

Vous pouvez aussi semer çà et là plein de petits cadeaux de gaieté pour sortir les gens de leur train-train de morosité, de pessimisme ou de rogne.

Et rappelez-vous :

Celui qui n'a pas d'Humour n'a pas d'Amour.

Punk fashion

Londres, un banquier de la City, la cinquantaine, sérieux, très élégant, avec chapeau melon, parapluie et costume trois pièces sombre, se retrouve à l'arrêt de bus en compagnie d'un punk, piercings divers, les cheveux rouges, verts, jaunes, bleus et violets gominés en crête.

Le gentleman semble ne pas pouvoir détacher le regard du punk. Le punk l'apostrophe :

— *T'as un problème, papy !? Pas étonnant, en te voyant, t'as pas dû vraiment déconner dans la vie…*

Le banquier le considère un instant :

— *Détrompez-vous jeune homme. Une fois dans ma jeunesse, aux Indes, j'ai sodomisé un perroquet.* ***Je me demandais si par hasard vous ne seriez pas mon fils.***

Perroquet pas cher !

Une femme décide d'acheter un perroquet à ses filles. Elle se rend donc au magasin d'animaux le plus près. Arrivée là, elle voit une aubaine pas croyable : 200 euros pour un magnifique perroquet parlant. Étonnée, elle va voir le vendeur :

— *Monsieur, pourquoi un perroquet d'une aussi grande valeur est si peu cher ?*

— *Eh bien ma petite madame, c'est qu'il vient d'un bordel et son langage n'est pas correct du tout !*

— *Mais mon bon monsieur, ce n'est pas grave, cela se corrige. Je vous le prends.*

Arrivée chez elle, le perroquet dit alors :

— *COUAAAAH ! Nouvelle maison, nouveau bordel ! COUAAAAH ! Nouvelle maison, nouveau bordel !*

La femme se dit que ce n'est pas grave et qu'il va se corriger. Les deux petites filles arrivent donc au salon, et le perroquet de dire :

— *COUAAAAH ! Deux nouvelles p'tites putes, COUAAAAH ! deux nouvelles p'tites putes !*

La mère, toute confuse explique à ses filles que le perroquet vient d'un bordel et que son langage va se corriger au jour le jour. Sur ce, Robert, le mari arrive et le perroquet de lancer à tue-tête :

— *COUAAAAH ! Nouveau bordel, nouvelles p'tites putes,* **mais toujours ce bon vieux Robert** *!*

TROISIÈME ÂGE EN VOYAGE

Dans un autobus rempli de petits vieux en tournée spéciale pour le troisième âge à Lourdes, une mamie tapote l'épaule du chauffeur et lui tend une bonne poignée de cacahuètes. Ça tombe bien, il avait justement un petit creux, il la remercie et avale d'un trait les arachides. Cinq minutes plus tard, la vioque remet ça. Le chauffeur la remercie à nouveau et mange les cacahuètes. Cinq minutes plus tard, rebelote.

Au bout de 5 poignées, le chauffeur en a plein les ratiches et demande à la mémère :

— *Dites donc, Mamie, c'est bien gentil de me gaver de cacahuètes, mais vos 40 collègues, ils n'en veulent pas un peu ?*

— ***Ben non. Voyez-vous, avec nos dents, on peut pas les mâcher. Y'a que le chocolat autour qu'on aime...***

Retraite très occupée

Trois petits vieux se retrouvent après de longues années.

— *Qu'est-ce que vous faites de beau, les anciens, dit le premier ?*

— *Moi je fais de la photo.*

— *Ben moi je jardine. Et toi ?*

— *Moi je fais de la recherche !*

— *Ah ? Et dans quoi ?*

— ***Tous les jours je cherche ma canne, mon dentier, mes lunettes, mes clés...***

Médecine du sport

Une femme va voir son gynéco. Lors de l'examen, il se rend compte qu'elle a un tatouage à l'intérieur de chaque cuisse. L'un représente *Dominici*, et l'autre *Rougerie*. Elle avoue être fan de rugby.

Fan de rugby lui aussi, le gynéco demande à la patiente s'il peut faire un petit bisou sur chacun afin de porter chance aux bleus ! Elle accepte. Après s'être exécuté, le médecin se relève et la patiente s'écrie : *« Et à Chabal, on lui fait pas un bisou ? »*

EN RÈGLE

PRESCRIPTION

Une dame demande au pharmacien de l'arsenic. Celui-ci lui demande pour quoi faire :

– C'est pour donner à mon mari.

– Mais ce n'est pas possible, c'est un poison très dangereux, et puis il me faudrait une ordonnance...

La dame fouille dans son sac et en sort une photo de son mari faisant l'amour... avec la femme du pharmacien. Le pharmacien voyant la photo lui dit alors :

– Ah ! Si vous avez une ordonnance, ça change tout !

LOGIQUE MÉDICALE

Le Dr Alvarez devant se rendre à un congrès se fait remplacer dans sa clinique par un jeune toubib débutant pendant une journée. Le lendemain, il demande à son assistant :

— *Alors, comment s'est passée ta journée ?*

— *J'ai eu trois patientes :*

La première avait une migraine, je lui ai donné de l'aspirine.

La deuxième avait des brûlures d'estomac, je lui ai donné du Mallox.

— *Bravo, bravo, confrère, tu es un vrai pro.Et la troisième ?*

— *Ben j'étais assis et d'un seul coup la porte s'est ouverte. Une femme est entrée comme une furie. Elle s'est déshabillée complètement, elle s'est couchée sur la table d'examen et elle m'a crié :*

« S'il vous plaît, faites quelque chose pour moi ! Ça fait 5 ans que je n'ai pas vu un homme ! »

— *Et alors qu'est-ce que tu lui as fait ?*

— ***Qu'auriez-vous fait à ma place ? Je lui ai mis des gouttes dans les yeux.***

Erreur céleste

Arrivé devant saint Pierre un homme de 35 ans qui conteste le fait d'être déjà « rappelé » à son âge. Saint Pierre va chercher son dossier afin de pouvoir lui donner une explication. Il en parcourt les nombreuses pages et lui dit :

« Voilà mon fils, c'est de fait une erreur, mais cela est dû au fait qu'en consultant les heures de travail que vous avez facturées, un rapide calcul nous a fait penser que vous aviez 123 ans. Du coup, nous avons cru que nous vous avions oublié. »

Hyperactivité

Un cafetier corse dit à sa femme : *« Je monte faire la sieste. »*

Elle lui demande pourquoi.

Il répond : « **Que veux-tu, je ne peux pas rester sans rien faire...** »

⁉ PRUDENCE ⁉

Deux corses arrivent sur le continent
pour la première fois.
Le premier voit un panneau de la DDE :
DANGER TRAVAUX.
Il se retourne vers le second et dit :
« Au moins, ici ils préviennent. »

RENDEMENT DÉGRESSIF

Un Corse est embauché par une société d'autoroute. On lui demande de peindre des bandes blanches le long de l'autoroute.

1er jour : il fait 100 mètres de ligne blanche. – 2e jour : il fait 50 mètres – 3e jour : il fait 25 mètres – 4e jour : il fait 10 mètres.

Le 5e jour, le chef vient le voir et lui dit :

— *Ok, pour le premier jour 100 mètres c'est pas tellement, mais ça passe. Mais les jours suivants, c'est quoi ça ?*

L'autre lui répond :

— ***Chef, plus j'avance et plus le pot de peinture est loin…***

La langue française est machiste, la preuve :

Un gars : c'est un jeune homme
Une garce : c'est une pute

Un courtisan : c'est un proche du roi
Une courtisane : c'est une pute

Un masseur : c'est un kiné
Une masseuse : c'est une pute

Un coureur : c'est un joggeur
Une coureuse : c'est une pute

Un rouleur : c'est un cycliste
Une roulure : c'est une pute

Un professionnel : c'est un sportif de haut niveau
Une professionnelle : c'est une pute

Un homme sans moralité : c'est un politicien
Une femme sans moralité : c'est une pute

Un entraîneur : c'est un homme qui entraîne une équipe sportive
Une entraîneuse : c'est une pute

Un homme à femmes : c'est un séducteur
Une femme à hommes : c'est une pute

Un homme public : c'est un homme connu
Une femme publique : c'est une pute

Un homme facile : c'est un homme agréable à vivre
Une femme facile : c'est une pute

Un homme qui fait le trottoir : c'est un paveur
Une femme qui fait le trottoir : c'est une pute

Un péripatéticien : c'est un élève d'Aristote
Une péripatéticienne : c'est une pute

Non, le français, vraiment, c'est pas compliqué...

Médecine en délire

Un patient s'est échappé de la salle d'opération et de retour dans sa chambre, l'infirmière de service lui demande ce qui lui a pris :

— *Ben c'est à cause de l'assistante du chirurgien !*

— *Ah ? Et alors ?*

— *Ben elle a dit : « un peu de courage, une appendicite, c'est une petite opération de rien du tout ! »*

— *Oui, c'est très gentil de vous avoir dit ça, où est le problème ?*

— ***Mais c'est pas à moi qu'elle a dit ça, c'est au docteur !!***

PUTE MÉDIUM

Après la séance, une péripatéticienne demande à son client :
— Ne seriez-vous pas dans la médecine ?
— Si, qu'est-ce qui vous fait dire ça ?
— Vous êtes médecin !
— Oui, comment savez-vous ça ?
— Et anesthésiste !
— De plus en plus fort, mais pourquoi ?
— ***Je n'ai rien senti !***

Remède corse

Un homme arrive chez son médecin et lui montre sa zigounette qui est noire comme du charbon. Le docteur est catégorique :

— Une seule solution, cher monsieur, ablation! (en termes professionnels : zizisectomie).

Pas d'accord, l'homme va consulter un GRAND professeur (les petits, y en a pas...) en « géniquaulogis ». Hélas, le même verdict tombe : Ablation !

Dégoûté, toujours pas d'accord, notre homme part en vacances en Corse. À deux pas de sa location, il découvre un cabinet de médecin et décide de tenter une dernière chance...

— Et vous, qu'en pensez-vous docteur, ablation ou pas ablation de ma zigounette ?

— Non cher monsieur, rassurez-vous, ce n'est pas nécessaire du tout.

— Ah, merci docteur, merci, merci! Mais que préconisez-vous ?

— Rienne du tout! Il vous suffit de sautiller un mpeu tous les matingnes... elleu finira biengue par tommber touteu seule!

Relativisons ! (lettre)

Chère maman,

C'est avec regret et tristesse pour toi que je t'annonce que je suis partie avec mon nouveau copain. J'ai trouvé la vraie passion et il est vraiment gentil, avec tous ses piercings, ses tatous et sa grosse moto. Ce n'est pas tout ce que je voulais te dire : Je suis enceinte et Ahmed dit que nous serons très heureux dans sa maison mobile, en pleine forêt. Il veut beaucoup d'enfants et moi, tu sais, c'est mon plus grand rêve.

J'ai appris que la marijuana n'est pas néfaste pour la santé et nous avons décidé d'en cultiver pour nous et nos amis qui nous fournissent en cocaïne et en ecstasy. Ne t'inquiète pas, je serai raisonnable, c'est promis maman.

Je t'en prie, si tu m'aimes, joins tes prières aux nôtres pour que la science trouve rapidement un remède au sida ; Ahmed mérite vraiment de guérir pour lui, pour moi et pour notre enfant…

Surtout maman, ne te fais pas de soucis. J'ai 15 ans et je sais prendre soin de moi. Je viendrai te voir bientôt pour te présenter tes petits enfants.

Ta fille qui t'aime tendrement

Julie

P.S. : Maman, ne fais pas de crise cardiaque, tout ça n'est qu'une blague ! Je suis chez Mélanie pour réviser mes cours de math. Je voulais seulement te montrer qu'il y a des choses bien pires que des mauvaises notes sur un bulletin et un échec au bac blanc. Tu trouveras mon carnet sur ma commode… Je rentrerai sûrement un peu tard ce soir. Ne m'attends pas pour te coucher. Bisous.

Leçon professionnelle à méditer : l'information

Au volant de la 2 CV, un prêtre raccompagne une nonne au couvent. Le prêtre ne peut s'empêcher de regarder ses superbes jambes croisées. Il pose subitement la main droite sur la cuisse de la nonne.

Elle le regarde et lui dit :

— *Mon père, vous souvenez-vous du psaume 129 ?*

Penaud, le prêtre retire sa main et se confond en excuses. Un peu plus loin, rongé par la tentation, il profite d'un changement de vitesse pour laisser sa main effleurer la cuisse de la nonne, qui lui demande :

— *Mon père, vous souvenez-vous du psaume 129 ?*

Il rougit une fois de plus et retire sa main, balbutiant une excuse. Les voilà arrivés au couvent. La nonne descend de la voiture sans dire un mot. Le prêtre pris de remords pour son geste déplacé se précipite sur la Bible, à la recherche du psaume 129.

Le psaume 129 dit :

« Allez de l'avant, cherchez toujours plus haut, vous trouverez la gloire. »

Moralité : Au travail, soyez toujours bien informé, ou vous risquez de passer à côté de belles occasions…

Leçon professionnelle à méditer : la communication

Un homme entre dans la douche au moment précis où sa femme en sort, lorsque la sonnerie retentit à la porte de leur maison. La femme s'enroule dans une serviette de toilette, descend l'escalier en courant et va ouvrir la porte d'entrée : C'est Laurent, le voisin. Avant qu'elle n'ait pu dire un mot, il lui lance :

— *Je te donne 800 euros immédiatement si tu laisses tomber la serviette qui te couvre.*

Elle réfléchit à toute vitesse et décide de laisser choir la serviette. Il l'admire à loisir, puis lui tend 800 euros. Un peu éberluée, mais contente de la petite fortune qu'elle vient de se faire en un clin d'œil, elle remonte dans la salle de bains. Son mari, encore sous la douche, lui demande :

— *C'était qui ?*

— *C'était Laurent.*

— Super, il t'a rendu les 800 euros qu'il me devait ?

Moralité : Si vous travaillez en équipe, partagez rapidement les informations concernant les dossiers communs, vous pourrez ainsi éviter une mauvaise publicité ou des malentendus.

Fable : le corbeau et le lapin

Le corbeau sur un arbre était perché
À ne rien faire toute la journée.
Un lapin voyant ainsi le corbeau,
L'interpelle et lui dit aussitôt :
« Moi aussi, comme toi, puis-je m'asseoir
Et ne rien faire du matin jusqu'au soir ? »
Le corbeau lui répond de sa branche :
« Bien sûr, ami à la queue blanche,
Je ne vois ce qui pourrait t'empêcher
Le repos, de la sorte, rechercher. »
Blanc lapin s'assoit alors par terre,
Et sous l'arbre reste à ne rien faire,
Tant et si bien qu'un renard affamé,
Voyant ainsi le lapin somnoler,
S'approchant du rongeur en silence,
D'une bouchée en fait sa pitance.

Moralité : Pour rester assis à ne rien branler, il vaut mieux être très haut placé.

Culture USA

Un couple d'Américains visite le Louvre et tombe en arrêt devant une momie égyptienne, entourée de bandelettes.

— *Qu'est-ce que ça veut dire 1348 AV JC? fait la femme.*

— *Oh! dit le mari, **c'est sans doute le numéro de la voiture qui l'a renversé.***

CONFIDENCES DE MÉMÉS

Deux mémés attendent depuis une demi-heure dans un abribus. Quand l'autobus arrive enfin, l'une dit:

— *Ben, j'ai l'cul tout endormi.*

L'autre répond:

— ***Je sais, j'l'ai même entendu ronfler plusieurs fois!***

Méandres à l'hôpital

— Bonjour ! J'aurais souhaité savoir où en est l'état de santé de monsieur Jean Dupont qui est à la chambre 302.

— Un instant, je vous passe le service.

Après une attente :

— Françoise service cardiologie. Que puis-je pour vous ?

— J'aimerais savoir comment va Jean Dupont chambre 302, s'il vous plaît.

— Un instant je vais essayer de trouver le médecin de garde.

Après une plus longue attente :

— Bonjour, Dr Jean, je vous écoute.

— Bonjour docteur. Je voudrais savoir quel est l'état de santé de Monsieur Jean Dupont qui se trouve chez vous depuis 3 semaines.

— Un instant, je vais consulter le dossier du patient.

Après encore une autre attente :

— Humhhh, voici, sa tension et son pouls sont maintenant stables, il réagit bien aux médicaments, et normalement on va lui enlever le monitoring demain. Si tout reste stable encore 48 heures, le médecin chef signera sa sortie pour le week-end.

— Aaahhh ! Ce sont des nouvelles merveilleuses ! Je suis fou de joie. Merci docteur.

— Vous êtes quelqu'un de sa famille ?

— Non, Monsieur ! Je suis Jean Dupont moi-même et je vous appelle de mon portable, chambre 302 ! Tout le monde entre et sort ici et personne ne me dit foutrement rien... Je voulais juste savoir comment je me porte...

Les « options », ça paye...

Un paysan s'étant acheté une Mercedes Nouvelle Classe E chez Daimler Benz AG, a trouvé la facture salée pour les équipements hors série. Peu de temps après, le directeur de Daimler Benz vient chez le paysan pour acheter une vache pour sa nouvelle ferme de loisir.

Le paysan lui a fait la facture suivante :

- 1 vache (version standard), prix de base 2 400 €
- 2 teintes (noir/blanc), plus value 150 €
- habillage cuir 100 €
- réservoir de lait, exploitation été/hiver 50 €
- 4 robinets pour traire – à 12,50 € pièce 50 €
- 2 pare-chocs, application cornée – à 17,50 € pièce
- chasse-mouche semi-automatique 30 €
- dispositif de fumage (bio) 60 €
- sabots tout-terrain, tout temps 100 €
- systèmes de freinage 2 circuits (jambes AV + AR) 400 €
- klaxon plusieurs tons 135 €
- yeux HALOGEN 150 €
- utilisateur multifourrage 1 250 €

Vache totale selon appel d'offre : 4 910 €

CODE SECRET DES SIGLES

ANPE : Avec Nous Peu d'Espoir
FORD : Fabrication Ordinaire, Réparation Difficile
RATP : Râle Autant que Tu Peux
PTT : Personnel Traumatisé par le Travail
SNCF : Société Nourrissant Certains Fainéants
FISC : Faut Inciser et Saigner le Contribuable
CAP : Certificat d'Aptitude à la Pauvreté
BAC : Brevet d'Accès au Chômage
ENA : Éléments Nuisibles et Arrivistes

DÉFINITIONS

Synonyme : mot à écrire à la place de celui dont on n'est pas certain de l'orthographe.

Archéologue : meilleur mari qu'une femme puisse espérer : plus elle vieillit, plus il s'intéresse à elle.

Chandail : vêtement que doit porter un enfant quand sa mère à froid.

Banquier : personne qui serait d'accord pour vous consentir un prêt, à la condition que vous lui apportiez la preuve que vous n'en avez pas besoin.

À LA RETRAITE FAUT SE DISTRAIRE

Depuis que je suis à la retraite, je m'ennuie un peu ; alors, l'autre jour, je suis entré dans un magasin. J'étais là depuis à peine 5 minutes, et lorsque je suis sorti, il y avait un policier qui rédigeait une contravention pour mauvais stationnement.

Je me suis rendu auprès de lui et lui dit : *« Allons, monsieur, pourquoi ne pas donner une chance à un citoyen retraité ? »* Il m'ignora et continua à écrire.

Je l'ai traité de *« singe en uniforme »*. Il m'a regardé et a commencé à écrire une autre contravention, parce que les pneus étaient soi-disant trop usés.

Alors, je l'ai traité de *« tête de cochon »*. Il finit la deuxième contravention et la plaça sur le pare-brise avec la première.

Il commença ensuite à en rédiger une troisième sous un quelconque prétexte fallacieux. Cela continua pendant environ 20 minutes. Plus je le traitais de tous les noms, du style :

SALOPERIE DE FLIC POULET AUX HORMONES
CHIEN POLICIER homme des cavernes
SINGE EN UNIFORME

Etc., et plus il rédigeait de contraventions.

Finalement, je lui ai dit que personnellement, je m'en foutais un peu : j'étais venu en métro. Ben oui ! Depuis que je suis à la retraite, j'essaie de trouver des trucs « fun » pour m'amuser un peu. C'est important de se tenir occupé, à mon âge !

FESTIVAL COLUCHE

- Tous les champignons sont comestibles, certains une fois seulement...
- Soyez gentils avec vos enfants, c'est eux qui choisiront votre hospice.
- Certains hommes aiment tellement leur femme que, pour ne pas l'user, ils se servent de celle des autres.
- Pour éviter d'avoir des fils ou des filles, faites l'amour avec votre belle-sœur, vous n'aurez que des neveux.
- Les chefs sont comme les nuages, quand ils disparaissent, il fait un temps magnifique !
- L'amour, c'est comme la grippe, on l'attrape dans la rue, on la résout au lit.
- Ton futur dépend de tes rêves. Ne perds pas de temps, va te coucher.

AH ! LES GAMINS !

— Hé ! Maman ! Maman !

— Chéri, arrête de crier dans la maison. Viens me parler ici, je suis au fond du salon...

— Maman, j'ai marché dans un caca de chien. Où est le tuyau d'arrosage ?...

Discussion au lit

J'ai dit à ma femme : « *Ne me laisse jamais vivre dans un état végétatif, dépendant d'une machine et de liquides. Si tu me vois dans cet état, débranche tous les éléments qui me maintiennent en vie.* »

Elle a acquiescé avec un air entendu, elle s'est levée, elle a débranché la télé, et m'a enlevé ma bière… !!!

PAS TRÈS CATHOLIQUE TOUT ÇA !

Je ne crois pas en une vie future, mais je prendrai quand même un slip de rechange ! Woody Allen

L'éternité c'est long, surtout vers la fin.
Woody Allen

Mon Dieu, mon Dieu, délivrez-nous de toutes les religions. Guy Bedos

Je suis allé à Lourdes avec ma femme.
Il n'y a pas eu de miracle.
Je suis revenu avec. Seymour Brussels

À l'éternelle triple question toujours demeurée sans réponse : « Qui sommes-nous ? D'où venons-nous ? Où allons-nous ? » Je réponds : En ce qui me concerne personnellement je suis moi, je viens de chez moi et j'y retourne. Pierre Dac

Je résiste à la tentation de m'asseoir à la droite de Dieu de peur que ça soit bon. C'est par morale chrétienne.
Pierre Desproges

On a beaucoup ri d'un télégramme que Mauriac a reçu peu de jours après la mort de Gide et ainsi rédigé : « Il n'y a pas d'enfer. Tu peux te dissiper. Préviens Claudel ». Signé André Gide.

Nos fautes (péchés) sont des dettes contractées ici et payables ailleurs. L'athéisme n'est autre chose qu'un essai de déclaration d'insolvabilité.
Victor Hugo

Nous sommes ici-bas pour rire. Nous ne le pourrons plus au purgatoire ou en enfer. Et, au paradis, ce ne serait pas convenable. Jules Renard

La meilleure façon de ne pas avancer est de suivre une idée fixe. Jacques Prévert

LE TRAIN ÉLECTRIQUE

Le petit Paul joue au train électrique dans le salon pendant que sa maman repasse le linge. Elle entend : «*TOUUUUUT ! Gare de Lille, gare des imbéciles, deux minutes d'arrêt !*»

Puis : «*TOUUUUT ! Gare d'Angers, gare des pédés, deux minutes d'arrêt !*»

— «***Paul, ne soit pas vulgaire s'il te plaît !***» mais Paul continue : *«TOUUUUT ! Gare d'Avignon, gare des cons, trois minutes d'arrêt !»*

Cette fois, la mère lui fiche une tarte et l'envoie au lit pendant qu'il trépigne, hurle et pleure.

Une heure après, repassage terminé, elle va le rechercher et l'autorise à reprendre «gentiment» son jeu :

Soudain elle entend : «***TOUUUUT ! Gare de Montparnasse, une heure de retard à cause d'une connasse !***»

VIEILLE PÉTOMANE

– Docteur, j'ai un petit problème avec mes gaz... je dois pourtant dire que ça ne me dérange pas tant que ça. Ils ne sentent jamais et ils sont toujours silencieux. Rien que pour dire, j'ai pété au moins dix fois depuis que je suis dans votre bureau, je suis certaine que vous ne vous en êtes jamais aperçu.

– Je vois. Prenez ces pilules et revenez me voir la semaine prochaine.

La semaine suivante, la petite vieille revient.

– Je ne sais pas trop ce que vous m'avez donné, docteur, mes gaz restent silencieux, mais ils puent terriblement.

– Très bien, dit le docteur. **Maintenant qu'on a réussi à dégager vos sinus, on va s'occuper de vos oreilles...**

ÉDUCATION CIVIQUE

À l'époque ou la morale était encore enseignée, mon instituteur nous avait appris à dire tous en chœur : « À vos souhaits, Monsieur », lorsqu'il éternuait. Un matin, nous en fûmes dispensés, car le maître avait attrapé un bon rhume. Le petit Victor arriva en retard, ce jour-là. Et au premier éternuement du maître, il cria comme d'habitude : *« Crève donc imbécile ! »*...

Courtes et bonnes

Une fois, ma femme est rentrée à l'improviste et m'a dit :

— Chéri, veux-tu enlever mes bas... et puis enlève ma robe... et mon soutien-gorge aussi... et arrête à l'avenir, s'il te plaît, de mettre mes affaires !

Mon fils s'est lancé dans la méditation. **C'est déjà mieux que de rester bêtement à ne rien faire.**

Nous avons trois enfants. Ma femme refuse d'en avoir un quatrième, **car elle a lu qu'un enfant sur quatre était Chinois.**

Humour glish

Un homme en jogging fait des pompes au bois de Vincennes. Un vieux gentleman anglais s'arrête tout près, l'observe un moment et finit par dire :

« Sorry Sir, I think the lady is gone » (Je pense que la dame est partie).

BONS MOTS

Bienheureux les fêlés,
car ils laisseront passer la lumière.

On ose me demander à moi qui ai un chien,
un chat, une tortue, deux enfants,
une femme et plusieurs belles-mères,
si j'aime les animaux ?...

Un psychiatre, c'est quelqu'un qui, lorsqu'il va voir un strip-tease, regarde le public.

L'autre jour, une amie m'a téléphoné : « Viens chez moi, il n'y a personne ». J'y suis allée... et il n'y avait effectivement personne !

À Besançon, il ne fait froid que deux mois de l'année. En juillet et août, ... quand on coupe le chauffage !

Il paraît qu'il a été blessé aux Dardanelles, et il paraît que c'est particulièrement douloureux.

Marc Adams

Le flamand n'est pas vraiment une langue, c'est plutôt... une maladie de la gorge !

Marc Twain

J'ai failli téléphoner aux prévisions météo pour leur dire que j'allais leur livrer les pelletées de « partiellement couvert » que j'ai dû dégager de ma voiture ce matin...

Mart Sloan

« Non, je ne suis pas en train de pêcher, je suis juste en train d'apprendre à nager à des vers... »

Une des hypothèses scientifiques que je préfère, est celle selon laquelle les anneaux de Saturne seraient composés des bagages égarés par les compagnies aériennes...

Mark Russel

Les 4/3 de la population ne savent même pas ce qu'est une fraction.

Steven Wright

Si vous partagez votre appartement avec un biologiste, évitez de manger ce qui se trouve dans le réfrigérateur.

Faith Hines

Humour juif : où se garer ?

Simon Ben Soussan est en voiture en plein Sentier à Paris, et cherche désespérément une place pour se garer. Il fait le tour, il attend, il va chercher même un peu plus loin, rien ! Il a un rendez-vous d'affaires très important et il risque de se mettre en retard. Mais rien, aucune place ! Désespéré, il regarde vers le ciel et implore :

« Mon Dieu, si tu me trouves une place de parking dans les cinq minutes, je te promets de ne plus faire d'écart et de manger toujours kasher, de faire Shabbat, de respecter Kippour et toutes les fêtes juives... »

Et alors – Ô miracle ! – une place se libère juste devant lui. Alors Simon lève les yeux vers le ciel et dit :

« Cherche pas, mon Dieu, j'ai trouvé !!! »

Blonde

Un dragueur repère une jolie blonde assise sur un banc dans un jardin public. Il s'assied tout près d'elle et cherche à engager la conversation :

— *Il fait beau ici, n'est-ce pas ?*

— ***Oui, ici aussi.***

LA FEMME AU LIT

À 8 ans : Vous l'emmenez au lit et lui racontez une histoire.
À 18 ans : Vous lui racontez une histoire et l'emmenez au lit.
À 28 ans : Pas besoin d'histoire pour l'emmener au lit.
À 38 ans : Elle vous raconte une histoire et vous emmène au lit.
À 48 ans : Elle vous raconte une histoire pour éviter d'aller au lit.
À 58 ans : Vous restez au lit pour éviter son histoire.
À 68 ans : Si vous l'emmenez au lit, ce sera toute une histoire !
À 78 ans : **Quelle histoire** ? **Quel lit** ? **Qui êtes-vous** ? **Que faites-vous là** ?

BÉBÉ MALIN

Un accoucheur s'occupe d'une femme qui attend des jumeaux. Le premier bébé sort, c'est un superbe garçon. Une tape sur les fesses et il pousse un cri vigoureux.

Mais le deuxième bébé tarde à vouloir sortir. Une heure passe, deux heures… L'accoucheur dit à la sage-femme qu'il part déjeuner et de l'appeler quand il y aurait du nouveau.

Dès qu'il est parti, la sage-femme entend :

— *Psssst !*

— *???*

— *Psssssst!!!*

Elle s'approche et distingue une petite main qui sort de sous le drap qui recouvre la femme et lui fait signe de venir ! Elle se rapproche encore et voit une petite tête qui pointe à l'orifice vaginal et dit tout bas :

— *Il est parti le monsieur qui donne des fessées ?*

PHILOSOPHIE

Le succès, c'est uniquement une question de chance. Tous les ratés vous le diront.

Earl Wilson

Je suis parti en vacances pour tout oublier. Et quand j'ai ouvert ma valise, j'ai constaté que c'était déjà chose faite.

Un hypocrite, c'est quelqu'un qui écrit un livre pour défendre l'athéisme, puis qui prie pour qu'il devienne un best-seller.

Si vous croyez que personne ne pense à vous, et que vous êtes seul dans l'existence, arrêtez brutalement de payer vos factures, la situation devrait s'améliorer rapidement.

Gastronomie

Quand je n'ai pas les moyens d'acheter du caviar, je me contente de manger du tapioca avec des lunettes noires. Mike Andrew

Notre toaster n'a que deux positions : trop tôt ou trop tard. Sam Levenson.

Un réfrigérateur, c'est un endroit où l'on stocke les restes jusqu'à ce qu'ils soient bons à jeter. Al. Boliska

Le meilleur moyen de maigrir, c'est de manger nu devant une glace. Franck Varano

Littérature

Demander à un écrivain ce qu'il pense des critiques, c'est comme si vous demandiez à un réverbère ce qu'il pense des chiens. John Osborne

Une encyclopédie permet d'accumuler la poussière par ordre alphabétique. Mike Barfield

J'ai pris quelques cours de lecture rapide, et j'ai lu *Guerre et Paix* en vingt minutes. Ça parle de la Russie.

Woody Allen

Ventriloque

Un ventriloque s'arrête dans une petite ville pour une représentation. Il commence son show en racontant des blagues sur les blondes, quand une très belle jeune femme blonde se lève et crie :

« J'en ai assez de vos blagues stupides sur les blondes, espèce de dégénéré ! Qu'est-ce qui vous permet de stéréotyper les femmes de cette façon ? Quel rapport peut avoir la couleur des cheveux d'une personne avec sa personnalité et son âme ? Vous devriez en mourir de honte. »

L'homme commence à bafouiller des excuses quand la blonde l'interrompt :

« Vous... restez en dehors de ça ! Je parle au petit bâtard qui est assis sur vos genoux ! »

Philosophie de salon

Quand j'ai demandé sa main à son père, il m'a répondu : « Vous prenez tout, ou vous ne prenez rien ! »

Ma femme a un signe d'eau. J'ai un signe de terre. Ensemble, on fait de la gadoue. Rodney Dangerfield

On dit qu'il y a dans le monde, une femme qui donnerait naissance à un enfant toutes les deux secondes. Il faut absolument la retrouver pour l'empêcher de continuer. Sam Leverson

Je lui ai demandé si elle était libre samedi soir, et elle m'a répondu qu'elle voulait se suicider. Du coup, je lui ai demandé si elle avait prévu quelque chose vendredi soir. Woody Allen

J'ai lu quelque part que fumer pouvait provoquer le cancer. Depuis, j'ai complètement arrêté de lire. Henri Youngman

Géométrie : le zigzag est le plus court chemin pour aller d'un bar à l'autre. Leonard Louis Livinson

LA ROUTE EN DÉROUTE

J'étais dans ma voiture, en route pour le bureau. J'ai regardé à gauche et il y avait une femme dans une BMW toute neuve. Elle roulait à 120 km/h et elle se regardait dans le rétroviseur pendant qu'elle appliquait son mascara. J'ai détourné le regard quelques secondes, et tout à coup, elle était à moitié sur ma voie, toujours en train de se maquiller! Ça m'a fait tellement peur que j'en ai échappé mon rasoir électrique, qui à fait tomber le peigne que j'avais dans l'autre main. Dans toute cette confusion, j'ai essayé de redresser le volant avec mes genoux, mais mon téléphone cellulaire est tombé dans le café que je tenais justement entre mes genoux, le café chaud s'est répandu et m'a brûlé la braguette et les bijoux de famille, mon téléphone est fichu, et j'ai perdu la communication pendant un appel important.

Avec tout ça, j'ai failli avoir un accident !

On ne dit pas...

Le Massif central, mais : le gros du milieu...

C'est l'Amazone, mais : c'est là que j'habite...

La maîtresse d'école, mais : l'institutrice prend l'avion...

Javelliser, mais : j'ai lu...

Démanger, mais : vomir...

Un poète, mais : un klaxon...

Un enfoiré, mais : un an de perdu...

Dégâts des eaux, mais : des marins...

Faire des vendanges, mais : péter comme un Dieu...

Un pinailleur, mais : un mari infidèle...

Mélodie en sous-sol, mais :
gare la voiture au parking souterrain...

Le processus de paix est enclenché mais :
je vais lâcher une caisse !

MENDICITÉ ARABE

Ali et Mohamed font la manche dans le métro. Ali est plein aux as : Mercedes, appartement dans le 16e, etc. Mohamed, lui, végète avec 2 ou 3 euros par jour.

— *Dis-moi Ali, comment fais-tu pour ramener chaque jour une valise pleine de billets de 10 euros ?*

— *Tu sais Mohamed, c'est bien simple. Montre-moi ta pancarte. Qu'as-tu écrit dessus pour apitoyer les gogos ?*

— *Ben voilà : sans travail ni logement, J'ai une femme et six enfants. Pas de sécu, rien, rien, rien du tout. Une petite pièce pour pouvoir manger…*

— *Ah ! Mohamed, tu ne comprends rien aux Français ! Voila mon secret. Regarde ce que j'ai écrit :* **IL ME MANQUE 10 EUROS POUR RENTRER EN ALGÉRIE** ! »

PERLES DU RIRE

Une mort naturelle, c'est quand on meurt tout seul, sans l'aide d'un médecin. Mark Twain

Une pomme par jour éloigne le médecin… à condition de viser juste ! Winston Churchill

Le meilleur remède contre le mal de mer, c'est de s'asseoir sous un arbre ! Spike Milligan

Les préservatifs ne sont pas sûrs à 100 %. L'autre jour, un de mes amis qui en portait un a été renversé par un autobus ! Bob Rubin

Consignes à ceux qui n'ont rien à faire

1. Ne pas l'avouer.
2. Attendre sans impatience un ordre de travail, ne pas le provoquer.
3. Ne pas emmerder ceux qui travaillent effectivement, surtout ne pas les jalouser.
4. Adopter une position de repos donnant à s'y méprendre une impression de travail.
5. Rester décontracté et supporter sans fatigue apparente toute inactivité aussi longue soit-elle.
6. Aimer le travail bien fait et pour cela ne pas hésiter à le laisser faire par des camarades plus qualifiés.
7. On peut aimer le travail et lui préférer le repos, car si certains ne savent pas travailler, d'autres ne savent pas rester sans rien faire.
8. Ne souffrir d'aucun complexe pour se présenter au trésorier après un mois sans travail.
9. Il y a beaucoup plus d'accidents de travail que d'accidents de repos.
10. Le travail use, le repos, rarement, donc économisons-nous.

CONCLUSION

Le travail est une belle chose, ne sois pas égoïste, laisse-le à tes copains.

Philosophie fémino-canine

Mesdames, voici les raisons pour lesquelles les chiens sont mieux que les hommes :

1. Les chiens ne sont pas frustrés par votre intelligence !
2. Le chien pense toujours que vous êtes un génie culinaire.
3. On peut entraîner un chien à être propre.
4. Le chien se sent coupable lorsqu'il a fait quelque chose de mal.
5. Les chiens d'âge moyen n'éprouvent pas le besoin de vous changer pour une maîtresse plus jeune.
6. Le chien n'en a rien à faire si vous vous rasez les jambes ou pas.
7. Le chien est aussi obsédé par vous que vous par lui.

Émission télé pas sérieuse...

(Lettre de réclamation)

Je me pose une grande question: les 2 ou 3 heures en direct que nous offre l'Assemblée nationale chaque semaine, sont parmi les sujets les plus sérieux de la Télévision.

Pourquoi, depuis quelque temps, voyons-nous en bas à droite de l'écran, une jeune fille légèrement dérangée, qui ne cesse de gigoter dans tous les sens, en faisant des grimaces ?

Non seulement c'est énervant, mais en plus, ça ne me fait pas rire du tout.

De grâce, arrêtons de nous moquer des députés en pleine séance, ce n'est pas une émission de divertissement, mais l'Assemblée nationale !

Réponse:

Cette jeune femme est là pour traduire en langage des sourds et muets ce qui se dit à l'Assemblée nationale.

Que la montagne est belle

(Journal intime)

12 août : On a emménagé aujourd'hui dans notre nouvelle maison, dans une Savoie ensoleillée ; cet endroit est vraiment magnifique. Les montagnes sont si majestueuses. Je suis impatient de les voir couvertes de neige. J'adore cet endroit.

14 octobre : La Savoie est l'endroit le plus beau de la planète. Les feuillages passent par toutes les nuances du rouge et de l'orange. Je suis allé en promenade dans ces belles montagnes et j'ai aperçu des cerfs. Ils sont tellement gracieux. Ce sont sans doute les animaux les plus merveilleux de la terre. J'ai l'impression d'être au paradis, j'adore cet endroit.

11 novembre : Bientôt l'ouverture de la chasse aux cerfs. J'ai du mal à imaginer qu'on puisse tuer des créatures aussi adorables. J'espère qu'il va bientôt neiger, j'adore cet endroit.

2 décembre : Il a neigé cette nuit, au réveil j'ai vu que tout était blanc, on dirait une carte postale. Nous sommes sortis déblayer la neige sur les marches, et nous avons dégagé le chemin d'accès à la pelle. Nous avons fait une bataille de

boules de neige (j'ai gagné), mais quand le chasse-neige est passé, nous avons dû reprendre les pelles… Quel endroit merveilleux, j'adore la Savoie.

12 décembre : Encore de la neige cette nuit. J'adore. Le chasse-neige nous a refait une farce en encombrant le chemin. J'adore cet endroit.

18 décembre : Encore de la neige cette nuit, je n'ai pas pu aller travailler. Le chemin était obstrué par la neige, je suis exténué à force de pelleter. Enfoiré de chasse-neige.

22 décembre : Cette merde blanche est encore tombée toute la nuit, j'ai des ampoules plein les mains à cause de la pelle, je suis sûr que le chasse-neige est planqué dans le virage et attend que j'ai dégagé le chemin, le connard…

25 décembre : Joyeux Noël de merde, encore cette saloperie de neige. Si seulement je pouvais mettre la main sur le fils de pute qui conduit le chasse-neige, ma parole, je lui fais la peau à ce con… Je me demande pourquoi ils n'ont pas rajouté du sel sur la route pour faire fondre cette putain de glace.

27 décembre : Encore cette neige la nuit dernière. Je suis resté enfermé 3 jours, sauf pour dégager le chemin à chaque passage du chasse-neige. Je ne peux aller nulle part, la voiture est sous un tas de neige. Les gars de la météo disent qu'on doit s'attendre à 25 cm cette nuit, vous savez combien ça représente 25 cm ?

28 décembre : Le météorologue de mes deux s'est fichu dedans, cette nuit c'est plus de 80 cm qui sont tombés. À ce train-là, ça ne fondra pas avant l'été, le chasse-neige est resté coincé sur la route et l'autre burne est venue à la porte pour m'emprunter une pelle. Après lui avoir raconté que j'avais déjà bousillé six pelles en dégageant la neige qu'il balançait dans mon allée, je lui ai cassé la dernière qui me restait sur le dos.

4 janvier : J'ai quand même pu sortir aujourd'hui, je suis allé au magasin acheter de la nourriture, et sur le chemin du retour, un con de cerf est venu emplafonner l'avant de ma voiture. Il a fait 1 000 € de dégâts. On devrait massacrer ces putains de bestioles ; je croyais que les chasseurs les avaient toutes tuées en novembre.

3 mai : J'ai conduit la voiture au garage en ville. Vous me croirez si vous voulez, mais la caisse est toute rouillée à cause de cette saloperie de sel qu'ils ont mis partout sur la route.

10 mai : Les déménageurs sont là. On retourne à Paris. Je n'arrive pas à imaginer que quelqu'un de sain d'esprit puisse avoir envie de vivre dans ce pays à la con !!!

PHILOSOPHIE DE COMPTOIR

Si tu parles à ton eau de javel
pendant que tu fais la lessive,
elle est moins concentrée.

Avoir une section fumeur
dans un restaurant, c'est comme avoir
une section pisseur dans une piscine !

Ce que j'ai de commun avec mon mari ?
Ben euh... on s'est mariés le même jour...

Les politiciens, c'est comme les bébés ;
il faut les changer régulièrement,
et ce, pour les mêmes raisons.

L'éternité, c'est long, surtout vers la fin...

Les femmes préfèrent être belles
plutôt qu'intelligentes, parce que
chez les hommes, il y a beaucoup plus
d'idiots que d'aveugles !

ORAL DU BAC

Une jeune fille très belle et vêtue de façon assez provocante, s'installe devant l'examinateur. Celui-ci, visiblement ému, lui propose un sujet en bafouillant un peu. La jeune fille lui répond en se trémoussant :

— *Je suis navrée, je n'ai pas appris ce sujet.*

Le professeur, un peu gêné, lui demande :

— *Préférez-vous un autre sujet ou un rendez-vous ?*

— *Oh ! Monsieur, je préférerais un rendez-vous...*, dit-elle en rougissant un peu.

— ***Très bien, Mademoiselle. Alors, à l'année prochaine !...***

Intimités de bureau

Le PDG entre dans son secrétariat. Sa secrétaire remarque sa braguette ouverte et lui dit :

— *Monsieur le Directeur, je pense que vous avez oublié de refermer la porte de votre garage...*

Pour ne pas être en reste et contrôler la situation, il répond :

— *J'espère que vous n'avez pas aperçu ma super Cadillac de luxe !...*

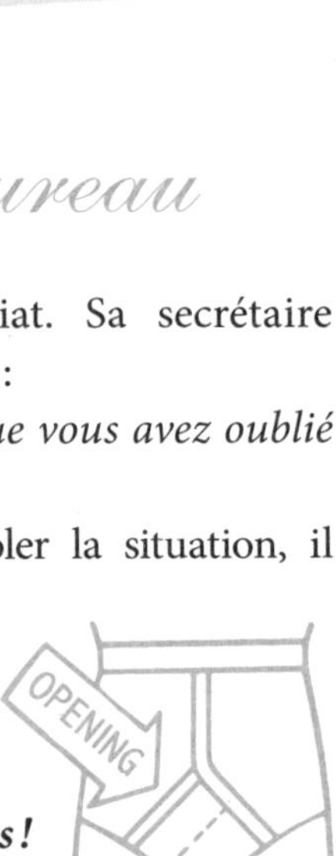

— ***Non, dit-elle, juste une vieille Volkswagen rose avec deux pneus crevés !***

Nostalgie

Dans un petit village, une mamie âgée de 90 ans, va se confesser :

— *Voilà mon père, j'ai péché, j'ai rencontré un beau jeune homme, bien mis et bien charmant, et j'ai trompé mon mari.*

— *Mais enfin, ma bonne mère, ça fait 50 ans que, tous les ans, vous confessez la même chose.*

Depuis le temps, il vous a bien pardonné le Bon Dieu !

— ***Oh ! Je sais bien, mais moi, ça me fait bien plaisir d'en reparler de temps en temps !...***

Parfaite secrétaire

Le patron regagne son bureau. La secrétaire l'interpelle :

– *Un client est venu, qui voulait vous voir pour vous casser la figure.*

– *Ah ! Et qu'est-ce que vous lui avez dit ?*

– ***Que je regrettais beaucoup que vous ne soyez pas là...***

Des vraies questions

Pourquoi ils stérilisent l'aiguille qui sert à l'euthanasie ?

Pourquoi est-ce qu'on appuie plus fort sur les touches de la télécommande quand les piles sont presque à plat ?

Pourquoi les pilotes kamikazes portent-ils un casque ?

Quand on étrangle un Schtroumpf, il devient de quelle couleur ?

Pourquoi ce couillon de Noé n'a-t-il pas écrasé les deux moustiques ?

Pourquoi les moutons ne rétrécissent-ils pas quand il pleut ?

BÊTISIER DE LA GENDARMERIE

Quand le contrevenant a crié « Espèce de gros con » dans son dos, le brigadier de service a aussitôt cru se reconnaître et a verbalisé.

L'homme, qui était aussi sourd que son épouse, ne semblait pas s'entendre très bien avec elle.

Le trou de balle était si gros
que nous avons pu y mettre deux doigts...

L'homme a insisté pour nous présenter
son préjudice qui ne mesurait en fait
pas plus de dix centimètres.

Si nos gendarmes n'étaient pas intervenus,
le viol n'aurait sûrement jamais eu lieu...

Arrêté par les gendarmes,
le voleur les a menacés d'appeler la police.

Il est à noter que les deux véhicules sont entrés
en collision l'un avec l'autre exactement
à la même heure.

En nous priant d'accepter ses excuses,
l'homme nous affirma que ses injures
étaient bien l'expression de sa pensée
et que l'incident était donc clos.

Sous le coup de la colère, l'homme mangea
une pomme en ricanant...

Le cadavre ne semblait pas en possession
de toutes ses facultés.

Comme il devait être pris en charge au plus vite
par un asile d'aliénés, il a été conduit à la gendarmerie.

L'HISTOIRE DIVINE DU ZIZI

Dieu avait presque terminé de créer l'univers quand il s'aperçut qu'il lui restait deux articles dans son sac. Aussi décida-t-il de les partager entre Adam et Ève. Il leur indiqua qu'un des articles restant permettrait à son propriétaire de faire pipi debout.

— *C'est un bidule très pratique*, expliqua Dieu, *et je me demandais si l'un de vous deux apprécierait de le posséder.*

Adam se mit à sauter d'excitation :

— *Oh, donnez-le moi ! J'adorerais être capable de faire ça.*

Ève, en souriant, dit à Dieu que, si Adam voulait tellement l'avoir, elle serait heureuse de le lui laisser, et Dieu donna à Adam l'article qui lui permettrait de faire pipi debout. Adam commença par viser le tronc d'un arbre pour ensuite écrire son nom dans le sable, riant de bonheur d'avoir autant de plaisir avec son nouveau jouet.

Dieu et Ève le regardèrent un moment, puis Dieu dit à Ève : *Bon, tu n'as qu'à prendre l'article restant.*

— *Comment cela s'appelle-t-il ?* demanda Ève.

— *Un cerveau*, répondit Dieu.

Petite histoire de noël

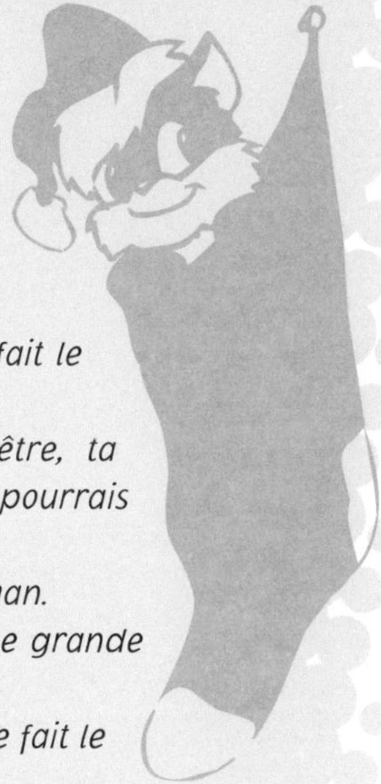

Un représentant frappe à la porte. Une petite fille ouvre.

— *Bonjour, ta maman est-elle là?*

— *Ma Maman elle est pas là, elle fait le Tapin.*

— ***Glups...*** *Et par hasard, peut-être, ta grand-mère habite ici. Est-ce que je pourrais la voir?*

— *Non, elle fait le Tapin avec maman.*

— ***Re Glups...*** *Est-ce que tu as une grande sœur que je pourrais voir?*

— *Oui, Ingrid elle a 18 ans. Mais elle fait le Tapin avec maman et mamie.*

— ***Re re Glups...*** *Bon, et ton papa, je peux le voir?*

— *Mais non, il est avec maman, mamie et Ingrid. Il les regarde faire.*

— ***Glups... Glups... Glups...*** *Eh bien ça alors, drôle de famille... Et où font-ils le tapin?*

— ***Ben dans le Talon! Ils Tont en train de le décorer. Où tu veux qu'il Toit notre Tapin?***

NERFS D'ACIER À L'ÉCOLE

C'est l'histoire d'une institutrice de dernière année de maternelle, au milieu de janvier, le mois le plus dur pour tout le monde…

Un gamin lui demande de l'aide pour mettre ses bottes pour aller en récréation et, en effet, elles sont vraiment difficiles à enfiler. Après avoir poussé, tiré, repoussé et tiré dans tous les sens, les bottes sont enfin chaussées et le gamin dit :

— *Elles sont à l'envers, maîtresse.*

La maîtresse attrape un coup de chaud quand elle s'aperçoit qu'en effet il y a eu inversion des pieds… Bref, nouvelle galère pour les enlever et rebelote pour les remettre mais elle réussit à garder son calme jusqu'à ce que les bottes soient rechaussées, aux bons pieds.

Et là le gamin lui dit avec toute la candeur qui caractérise les enfants :

— *C'est pas mes bottes.*

À ce moment, elle fait un gros effort pour ne pas lui mettre une baffe, fait un tour sur elle-même en se mordant les lèvres, se calme et lui demande pourquoi il ne l'a pas dit avant… Comme le gamin voit bien qu'il a contrarié sa maîtresse, il ne répond pas. Elle dit alors :

— *Bon, allez, on les enlève.* Et elle se met à nouveau au boulot.

Le deuxième pied est presque sorti quand le gamin poursuit :

— *C'est pas mes bottes, c'est celle de mon frère, mais maman a dit que je dois les mettre.*

Là, elle a envie de pleurer mais, une nouvelle fois, elle se calme et entreprend de lui re-remettre ses bottes. L'opération est enfin réussie et la maîtresse se sent fière d'avoir réussi. Pour aller jusqu'au bout, elle le met debout, lui fait enfiler son manteau, lui met son cache-nez et lui demande :

— *Où sont tes gants ?*

Et le gamin de répondre le plus simplement du monde :

— ***Je les ai mis dans mes bottes** !*

Plaisirs des sens

Vous aimez sentir le contact du corps de quelqu'un contre vous ?

Sentir son souffle sur votre nuque ?

Entrer par l'arrière et par l'avant ?

Monter – Descendre – Entrer froid, sortir chaud ?

Oui !…… Vous aimez ça… ?

Alors prenez le bus !!!

PERLES JOURNALISTIQUES

Très gravement brûlée, elle s'est éteinte pendant son transport à l'hôpital. *Dauphiné Actualité*

Il abusait de la puissance de son sexe pour frapper son ex-épouse.

Tombola de la Société Bayonnaise des Amis des Oiseaux : le numéro 5963 gagne un fusil de chasse.

À aucun moment le Christ n'a baissé les bras *Le Paroissien de Lamballe.*

Le syndicat des inséminateurs fait appel à la vigueur de ses membres.

Les kinés se sont massés contre les grilles de la préfecture. *Presse océan*

En raison de la chaleur, les musiciens ne porteront que la casquette de l'uniforme. *Ouest France.*

M. Jean C. remercie chaleureusement les personnes qui ont pris part au décès de son épouse.

La conférence sur la constipation sera suivie d'un pot amical. *Ouest France*

L'individu n'était pas à prendre avec du pain sec.

Il y aura un appareil de réanimation dernier cri.

Perles scolaires

Les empereurs organisaient des combats de radiateurs

César poursuivit les Gaulois jusqu'à Alésia car Vercingétorix avait toujours la gaule

Les mauvais élèves étaient décapités

Les amazones étaient comme des femmes, mais encore plus méchantes

Autrefois, les Chinois n'avaient pas besoin d'ordinateur car ils comptaient sur leurs boules

Les devoirs où il y a des conjugaisons s'appellent les devoirs conjugaux

Perles scolaires (suite)

Toute sa vie Montaigne a voulu écrire, mais il n'a fait que des essais

Un polygone est une figure qui a des côtés un peu partout

Un sonnet est formé de deux quatrains et de deux tiercés

Comme Bonaparte, Jules César pouvait dicter plusieurs lettres à la fois, c'était un dictateur

Pour faire des œufs, la poule doit être fermentée par le coq

Les dolmens étaient des espèces d'abribus postés tous les 100 mètres

François Ier était le fils de François zéro

Pourquoi voter pour moi ?

Chers électeurs, ce qui m'intéresse le plus c'est assurément aujourd'hui de faire entendre bien fort votre voix. Votre situation personnelle m'obsède. Et toutes les considérations de pouvoir, je n'en ai rien à faire. Une fois élu, je vous consacrerai tout mon temps et les querelles, je les oublierai aussitôt, vous pouvez en être sûr. Il n'y a rien de plus noble qu'une fonction élective. Si j'ai choisi de faire de la politique, c'est pour améliorer le sort des gens et en aucun cas pour le pouvoir que cela procure. Mais j'aime aussi l'idée de pouvoir apporter aux pauvres de l'argent, car il est indéniable qu'il permet d'acheter le minimum vital. Ce n'est pas tout : il y a aussi les hommes sur lesquels on peut compter. Il faut faire disparaître les prébendes, car la corruption est vraiment ce qu'il y a de plus détestable. Pour cela, il faut un homme honnête et efficace pour convaincre chacun d'abandonner ces méthodes d'un autre âge qui compromettent toute honnêteté. Si vous souhaitez vous faire représenter par quelqu'un qui a des idées à émettre, alors votez pour moi.

(Maintenant, relisez seulement une ligne sur 2…)

NE PAS CONFONDRE

Baratin de magistrat et salade d'avocat,

Fatigue ferroviaire et coup de pompe dans l'train,

Assassiner des dictateurs et descendre
des ordures,

Populations défavorisées et groupes sans gains,

La drogue rend seul malgré soi
et la came isole de force,

Les limaces copulent et les sangsues niquent,

Cochon domestique et port de plaisance,

Berceuse et air de repos.

PETIT RAPPORTEUR

À l'entracte d'un concert, un spectateur fait passer un billet au chef d'orchestre sur lequel il est marqué :

« Je ne voudrais pas jouer les rapporteurs, mais je vous signale que celui qui est à la grosse caisse ne frappe que lorsque vous le regardez ! »

Comble

Quel est le comble de la paresse ?
Se lever à 5 h du matin pour avoir plus temps à ne rien faire !

Leçon de choses

Un type rentre chez lui et trouve sa femme au lit avec un « invité ». Le type furieux se met à injurier son épouse, mais celle-ci sans se démonter lui réplique :

— ***Arrête de hurler et regarde plutôt comment il fait !***

PROBLÈMES D'EMPLOI

— *Alors, tu as trouvé du travail ?*

— *Ne m'en parle pas ! J'en avais trouvé à Limoges, ils m'ont limogé. Ensuite j'ai trouvé une place à Vire, ils m'ont viré. Puis, j'ai été embauché à Lourdes, on m'a lourdé.* ***Et là, on m'a proposé un boulot à Castres, alors j'ai tout de suite refusé !***

Médecin lucide

— Cher ami, je pense que l'opération est inévitable.

— Ah, plutôt mourir !

— Mais l'un n'empêche pas l'autre !

Interférences

Un type entre dans des toilettes publiques. Il s'installe et aussitôt entend une voix à côté :

– Hé ho, c'est toi ?

– (?)

– Hé ho, tu m'entends ?

– Oui (!?)

– T'es où ?

– Ben là, à côté !

– Tu fais quoi en ce moment ?

– Ben comme toi tiens !

– Bon écoute chérie, je te rappelle, il y a un mec à côté qui répond à ta place à toutes mes questions !

LA LOI DE LA TARTINE DE BEURRE

Laver sa voiture fait venir la pluie.

Si tu changes de file, celle que tu viens de quitter deviendra alors la plus rapide.

La tendance qu'a la fumée de cigarette à se diriger vers une personne est proportionnelle à sa sensibilité allergique au tabac.

C'est celui qui ronfle qui s'endort toujours le premier.

La probabilité de rencontrer une personne de ta connaissance augmente quand tu es avec quelqu'un avec qui tu ne veux pas être vu.

Quel que soit l'objet, il sera trouvé dans le dernier endroit dans lequel on l'aura cherché.

C'est après avoir garé ta voiture à deux kilomètres de distance que quatre places se libèrent simultanément juste en bas de chez toi.

Lifting fatal

Une femme d'âge mûr a une crise cardiaque et se retrouve à l'hôpital. Sur la table d'opération, proche de la mort, elle vit une expérience NDE.

Elle voit Dieu et lui demande: *«Mon heure est-elle arrivée?»*

Dieu lui répond: *«Non, il te reste 33 ans, 2 mois et 8 jours.»*

À son réveil, elle décide de demeurer à l'hôpital, de se faire remonter le visage, faire une liposuccion, injecter du collagène dans les lèvres, faire refaire les seins et tout le reste. Comme elle devait encore vivre longtemps, cela en valait la peine.

Après sa dernière opération, elle sort de l'hôpital, traverse la rue et se fait frapper par un camion. Arrivée au ciel, devant Dieu, elle lui demande:

«Il me semble que je devais vivre encore 40 ans et plus! Pourquoi ne m'avez-vous pas fait éviter la trajectoire de ce camion?»

Et Dieu répond: ***«Oh! Putain! Je ne t'avais pas reconnue!!»***

Moralité: MESDAMES RESTEZ NATURELLES!

MISSION IMPOSSIBLE

Lors d'un sauvetage en hélicoptère, 11 rescapés étaient suspendus à la corde qui les reliait à l'hélico. 10 étaient des hommes et il y avait une femme avec eux.

La corde commençait à se rompre et ils étaient tous d'accord sur le fait qu'il y avait une personne en trop sur cette corde prévue pour 10. L'un d'eux devait se laisser tomber pour sauver les autres.

Personne ne pouvait se décider…

Finalement la femme prit la parole et dit qu'elle donnerait sa vie pour sauver ses amis car le destin des femmes est de servir les hommes, servir leurs enfants et se sacrifier chaque jour face au sexe supérieur pour assurer le bonheur de celui-ci.

Quand elle eut terminé son discours, TOUS LES HOMMES APPLAUDIRENT…

Moralité : Ne sous-estimez jamais le pouvoir d'une femme !

ALPINISTE EN DIFFICULTÉ

Presque arrivé en haut d'un piton rocheux, un alpiniste s'aperçoit qu'un énorme rocher branlant menace de lui tomber dessus. Il n'ose plus bouger et appelle :

— *Il y a quelqu'un là-haut ?*

Une voix puissante descend du ciel :

— *N'aie crainte, mon fils, je suis là.*

— ***Bon, mais il n'y aurait pas quelqu'un d'autre ?***

Dans un hammam

Quelques hommes en tenue légère discutent, quand tout à coup, un portable se met à sonner.

— *Allo, chéri, tu es au hammam ?*

— *Oui, ma chérie*

— *Chéri, tu ne vas pas me croire, je suis devant un magasin de fourrures, aie, aie, aie, le magasiiiin… Chéri, ils ont un vison ?.....Maaaaagnifique, de toute beauté, à un priiiiiix… Incroyable…*

— *Combien le vison, ma chérie ?*

— *Donné, mon amour, donné… 7000 euros… Tu te rends compte ?*

— *Mais tu en as déjà des manteaux ma chérie !*

— *S'il te plaît, chéri, il est vraiment… Supeeeeeerbe !*

— *OK, OK… vas-y, achète-le, ton vison !*

— *Oh, merci mon amour, dis, je ne veux pas t'embêter, mais tu sais, en passant devant le concessionnaire Mercedes tout à l'heure, j'ai vu leur dernier coupé… Il est boooooo ! Magnifiiiique… En pus, j'ai parlé au vendeur, celui en exposition est tout neeeeuf, intérieur cuiiir, peinture dorée… Je ne veux pas abuser de ta gentillesse, mais qu'en pensestuuuu ?*

— *Chérie, tu exagères, on a déjà des voitures !*

— *Tu m'avais promis un jour qu'on aurait un coupéééé !*

— *Combien, la voiture, ma chérie ?*

— *Tu ne vas pas me croire, mon chéri, ils nous la laissent à seulement 100 000 euros, avec toutes les options !!!*

— *Bon, OK, OK, on a de l'argent, vas-y... Prends-la ta voiture !*

— *Mon amour, je t'aime, c'est merveilleux la vie avec toi ! Dis, j'abuse, mais tu te souviens de notre petit voyage sur la Côte d'Azuuuur ? Tu te rappelles la maison des Cohen avec la piscine, le tennis, tu sais qu'elle est en vente ? Je l'ai vue en passant devant l'agence ! Et si on l'achetait pour avoir un pied-à-terre dans le suuuud ?*

— *J'y avais pensé déjà, oui !... Tu me dis qu'elle est en vente ?*

— *C'est vrai, chéri, tu y as pensé ? Je peux vraiment aller à l'agence ? Tu sais, elle n'est vraiment pas très chère, et quelle claaaasse !*

— *Combien elle vaut ?*

— *Ils l'ont affichée à 4,2 millions, mon amour.*

— *Bon, tu y vas, de toute façon, j'ai de l'argent, autant le dépenser... Mais pas plus de 4 millions !*

— *Mon amour, c'est le plus beau jour de ma vie ! Tu es merveilleux, je t'aime, vivement ce soir.*

— *À ce soir, ma chérie...*

Le gars raccroche, lève la main et crie :

— ***IL EST À QUI, CE PORTABLE ????***

Préparation de la fête de Noël

NOTE DE SERVICE 1

De : Sophie CARRIÉRISTE – Direction des Ressources Humaines

À : Tous les salariés

Date : 01 / 12

Chers Tous,

Je suis heureuse de vous informer que la Fête de Noël de notre entreprise aura lieu le 23 décembre, à partir de midi, dans les salons privés de notre Espace. Il y aura un bar payant avec tout un choix de boissons !

Nous aurons aussi un petit groupe musical amateur qui chantera des cantiques, alors n'hésitez pas à chanter avec lui. Et ne soyez pas surpris de voir arriver notre PDG déguisé en Père Noël !!

Le sapin sera illuminé à partir de 13 h 00. Les échanges de cadeaux entre les membres du personnel pourront se faire à partir de ce moment-là. Cependant, pour ne gêner personne financièrement, aucun présent ne devra dépasser une valeur de 10 euros.

Joyeux Noël à vous tous et à vos familles.

Cordialement, Sophie

NOTE DE SERVICE 2

De : Sophie CARRIÉRISTE – Direction des Ressources Humaines
À : Tous les salariés
Date : 02 / 12
Sujet : *Fête de Fin d'Année*

Chers Tous,

La note d'hier n'avait bien sûr pas pour but d'exclure nos employés de confession juive. Nous savons que Hannoukah est une fête importante qui coïncide souvent avec Noël, même si cela n'est pas le cas cette année.

La même optique s'applique à tous ceux de nos employés qui ne sont ni chrétiens ni juifs. Pour calmer les esprits et ne vexer personne, toutes nos Fêtes de Noël s'appelleront désormais Fêtes de Fin d'Année. Nous n'aurons par conséquent ni sapin ni cantiques, mais d'autres musiques pour votre plus grand plaisir. Tous contents, maintenant ?

Cordialement, Sophie

NOTE DE SERVICE 3

De : Sophie CARRIÉRISTE – Direction des Ressources Humaines
À : Tous les salariés
Date : 03 / 12
Sujet : *Fête de Fin d'Année*

Je m'adresse à la personne membre des Alcooliques Anonymes qui souhaitait qu'il y ait une table pour les non buveurs et qui n'a pas donné son nom.

Je suis heureuse de pouvoir répondre favorablement à sa demande, mais si je mets sur la table une pancarte « Réservé aux Alcooliques Anonymes », vous n'aurez plus du tout d'anonymat !!

Comment puis-je résoudre le problème ? Une idée, quelqu'un ?

De plus, sachez qu'on laisse tomber les échanges de cadeaux : Aucune remise de présents ne sera autorisée, suite aux préavis de grève déposés par la CGT et FO qui estiment que 10 euros pour un cadeau c'est trop cher, et suite à la pétition signée par tous les cadres qui estiment que 10 euros pour un cadeau c'est minable et mesquin. On va y arriver,

Sophie.

NOTE DE SERVICE 4

De : Sophie CARRIÉRISTE – Direction des Ressources Humaines

À : Tous les salariés

Date : 04 / 12

Sujet : *Fin d'Année*

Quelle diversité de cultures dans notre entreprise !!

Je ne savais pas qu'exceptionnellement cette année le Saint Mois du Ramadan commençait le 20 décembre, avec son interdiction formelle de consommer toute boisson ou nourriture de toute la journée. Nous pouvons bien sûr comprendre qu'une réception festive à cette époque de l'année ne cadre pas avec les croyances et les pratiques de nos amis salariés musulmans.

Devant la Fatwah prononcée à son encontre par l'Imam

de notre ville à leur demande, notre PDG propose que les repas destinés à nos salariés musulmans soient congelés jusqu'à la fin du Ramadan ou gardés au chaud pour qu'ils puissent les emporter chez eux le soir. Notre PDG certifie en outre qu'ils ne contiendront pas de porc, même si l'entreprise dirigée par son frère s'appelle « Tout est bon dans le cochon ».

Par ailleurs, je me suis arrangée pour que les femmes enceintes aient une table au plus proche des WC et les abonnés aux Weight Watchers le plus loin du buffet des desserts. Je confirme aussi que les gays et les lesbiennes pourront se regrouper et que chaque groupe aura sa table pour ne pas avoir à se mélanger. En revanche, non, aucun travestissement en Drag Queen ne sera toléré, avec ou sans play back de Dalida. Oui, les diabétiques auront des sièges surélevés et des fruits frais en dessert, sachant que le restaurant ne pourra confectionner de dessert sans sucre. Ai-je encore oublié quelque chose ?

Sophie

NOTE DE SERVICE 5

De : Sophie CARRIÉRISTE – Martyr des Ressources Humaines

À : *À vous tous, salariés de MERDE !!!!!*

Date : 10 / 12

Sujet : *SALOPERIE de Fin d'Année*

Les végétariens, maintenant !! Il ne manquait plus que ça !!!!

J'en ai plus que marre, nous maintenons cette réception dans notre entreprise, que cela vous plaise ou non. Vous n'aurez qu'à vous asseoir le plus loin possible du gril à viande pour brouter vos salades à la con et téter vos putains de tomates Bio. Vous avez pensé à la douleur des salades et des tomates quand on les coupe ? Hein ??

Elles ont des sentiments et sont vivantes, elles aussi. Elles sont comme moi, elles HUUURLENT !! Maintenant le premier qui me demande du pinard sans alcool je le transforme en pompe à merde et je vous souhaite une fête archi pourrie, bande d'abrutis congénitaux !!!!

Allez vous faire foutre,

Sophie

NOTE DE SERVICE 6

De : Catherine TAVENIER – Directrice intérimaire des Ressources Humaines

À : À tous les employés

Date : 14 / 12

Sujet : *Sophie CARRIÉRISTE et les Fêtes de Fin d'Année*

Je pense pouvoir parler au nom de tout le monde pour souhaiter un prompt rétablissement à Sophie CARRIÉRISTE, à qui je continuerai de transmettre vos cartes.

En attendant son retour, je la remplace et vous annonce que notre PDG a décidé d'annuler notre Fête de Fin d'Année et d'offrir à tous la journée du 23 décembre sans perte de salaire.

L'origine de la barre du sept

Encore aujourd'hui, de nombreuses personnes, en écrivant le chiffre 7 utilisent une barre supplémentaire horizontale au milieu du chiffre. La plupart des typographies l'ont fait disparaître. Mais savez-vous pourquoi cette barre a survécu jusqu'à nos jours ?

Il faut remonter bien loin, aux temps bibliques :

Lorsque Moïse eut gravi le mont Sinaï, et que les 10 commandements lui furent dictés, il redescendit vers son peuple et lut, à haute et forte voix, chaque commandement.

Arrivé au septième commandement, il annonça : *« Tu ne désireras pas la femme de ton prochain. »*

Et là… de nombreuses voix s'élevèrent parmi le peuple, lui criant :

« Barre le sept, barre le sept, barre le sept !!! »

Et voilà… l'origine de la barre du sept !

Visite médicale troisième âge

Un vieux couple se présente à sa visite médicale annuelle.

Après avoir terminé son examen, le médecin demande au vieil homme :

— *Vous me semblez en pleine forme.*

Y a-t-il des questions que vous voudriez me poser sur votre santé ?

— *Bien oui, docteur. Quelque chose me fatigue. Quand je fais l'amour avec ma femme la première fois, j'ai souvent chaud et je suis en sueur... Mais lorsque je fais l'amour la deuxième fois, j'ai souvent froid et parfois même la chair de poule.*

— *Hmmm, c'est intéressant. Je vais faire des recherches dans ma biblio là-dessus. En attendant, faites entrer votre femme pour que je l'examine elle aussi.*

La vieille entre dans le cabinet et le vieux va l'attendre dans la salle d'à côté. Le doc fait l'examen, puis dit à la femme :

— *Tout est parfait, comme pour votre mari. Cependant il m'a demandé pourquoi il avait chaud lorsqu'il faisait l'amour la première fois, et froid lorsqu'il faisait l'amour la deuxième fois…*

Alors la vieille dit :

— ***Mais qu'il est con ! C'est tout simplement parce que la première fois, c'est au mois de juin, et la deuxième, c'est au mois de décembre !…***

Mise en scène ratée

Après de longues études de droit, une blonde ouvre son bureau d'avocate. Lors de son premier jour de travail, elle entend frapper à la porte. Pour impressionner le nouveau venu, elle saisit son téléphone et lui demande d'attendre un instant.

Elle reste ainsi un quart d'heure faisant semblant d'être en communication:

— Oui, bien sûr! Je ne laisserai pas tomber! Cette affaire me semble d'ailleurs simple… En effet, je suis persuadée que lors du prochain jugement, le Juge nous donnera une sentence favorable et nous gagnerons.

Après avoir raccroché, elle se tourne vers le nouveau venu et lui demande d'une voix posée:

— Eh bien, jeune homme, que puis-je faire pour vous?

L'homme lui répond:

— Je travaille chez France Télécom et je viens installer votre ligne téléphonique!!!

Premier sermon du jeune curé

Un jeune curé, très angoissé, et après avoir été incapable de prononcer un seul mot le jour de son premier sermon, demande conseil à l'archiprêtre pour être à la hauteur dimanche prochain. Ce dernier lui conseille de se verser quelques gouttes de vodka dans un grand verre d'eau pour être plus détendu.

Le dimanche suivant, le jeune prêtre se sentit si bien qu'il aurait pu parler n'importe où de n'importe quoi. De retour à la sacristie, il trouve une lettre laissée par l'archiprêtre, ainsi rédigée :

Mon fils,

La prochaine fois, mettez quelques gouttes de vodka dans un grand verre d'eau et non quelques gouttes d'eau dans la vodka. Ensuite, je vous fais part de quelques observations afin que ce que j'ai vu aujourd'hui ne se reproduise pas.

1. ***Il n'est nul besoin de mettre une rondelle de citron sur le bord du calice.***
2. ***Évitez de vous appuyer sur la statue de la Sainte Vierge et surtout, évitez de la serrer dans vos bras et de l'embrasser.***

3. *Il y a 10 commandements et non 12.*
4. *Les apôtres étaient 12 et pas 7 et aucun n'était nain.*
5. *Nous ne parlons pas de Jésus Christ et ses apôtres comme de « J.C. & co ».*
6. *Nous ne nous référons pas à Judas comme « à ce fils de pute ».*
7. *Vous ne devez pas parler du Pape en disant « le Parrain ».*
8. *Ben Laden n'a rien à voir avec la mort de Jésus.*
9. *L'eau bénite est faite pour bénir et non pour se rafraîchir la nuque.*
10. *Ne célébrez jamais la messe assis sur les marches de l'autel.*
11. *Les hosties ne sont pas des gâteaux pour l'apéritif à consommer avec le vin de messe.*
12. *Les pécheurs iront en enfer et non « se faire enc… »*
13. *L'initiative d'appeler les fidèles à danser était bonne, mais pas celle de faire la chenille dans toute l'église.*
14. *L'homme assis près de l'autel auquel vous vous êtes référé comme « le pédé » et « le travelo en jupe », c'était moi.*

Sincèrement, l'archiprêtre.

LA DINDE AU WISKY

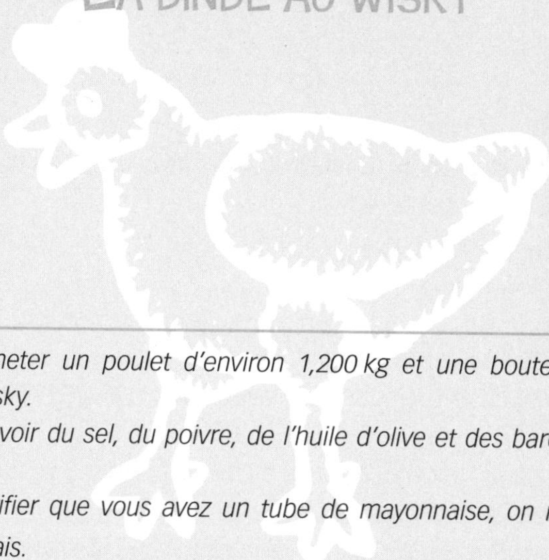

— *Acheter un poulet d'environ 1,200 kg et une bouteille de whisky.*

— *Prévoir du sel, du poivre, de l'huile d'olive et des bardes de lard.*

— *Vérifier que vous avez un tube de mayonnaise, on ne sait jamais.*

Barder le poulet, le saler, le poivrer et ajouter un filet d'huile d'olive.

Préchauffer le four à température moyenne (220 °C ou thermostat 5) pendant 10 minutes.

Se verser un verre de whisky et le boire.

Mettre le poulet au four dans un plat de cuisson approprié.

Se verser un verre de whisky et le boire.

Renouveler cette dernière opération.

Après un quart beurre, fourrer l'ouvrir pour surbeiller la buisson du coulet.

Brendre la vouteille de biscuit et s'envoynet une bonne rasade.

Après un tard... un far t'heure... abrès un moment quoi, dituber jusqu'au bour, oufrir la borte, et reburner, revourner... mettre le noulet dans l'aurte sens.

S'asseoir sur une butain de chaise et se reverdir 2 ou 3 verts de ouisti.

Buire, tuire, cuire le loulet bandant une deni-heure.

Et hop ! 3 berres de blus.

Se rebercer une bonne voulée de poulet... non de visky.

Rabasser le loulet (qu'est tombu bar terre), l'ettuyer et le voutre sur un blat.

Se béter la fihure cause du gras sur le barrelage de la buisine.

Ne pas essayer de se reveler.

Déciver qu'on est bien par derr et binir la mouteille de misky.

Blus tard, ramber jusqu'au lit, dorbir ze qui reste de la muit.

Le lendemain matin, prendre un Alka Seltzer, manger le poulet froid avec de la mayonnaise en tube et nettoyer le bordel que vous avez mis dans la cuisine.

Logique enfantine

Une petite fille de 9 ans demande à sa maman :

— *Quel âge as-tu, maman ?*

— *Cela ne se demande pas ma chérie,* lui répond sa mère.

— *Combien tu mesures, maman ?*

— *Cela n'est pas important ma chérie,* reprend la mère.

— *Maman, pourquoi toi et papa avez divorcé ?* redemande la petite fille.

— *Cela ne te regarde pas ma chérie,* dit la mère en terminant la discussion.

La petite fille demanda à sa meilleure copine pourquoi les adultes ne parlent pas de ces choses-là. Sa copine lui dit :

— *C'est vraiment simple, toutes les réponses à nos questions sont sur leur carte d'identité.*

Elle trouve la carte d'identité. Elle est ravie de voir que son amie disait vrai, toutes les réponses à ses questions s'y trouvent ! Elle court alors voir sa mère et lui dit :

— *Maman, je sais ton âge.*

— *Ah oui ? Et j'ai quel âge ?*

— *36 ans. Et je sais combien tu mesures.*

— *Ah oui ? Combien ?*

— *1 mètre 71. Et je sais aussi pourquoi toi et papa avez divorcé.*

— *Eh bien cela m'étonnerait fort !*

— ***Tu as eu un F en sexe... et ça, ce n'est vraiment pas une bonne note !***

La bonne fée

Une fée dit à un couple marié :

— *Pour avoir été un couple si exemplaire depuis 25 ans, je vous accorde à chacun un vœu.*

La femme dit alors :

— *Je voudrais faire le tour du monde avec mon mari adoré.*

La fée agite sa baguette magique, et ABRA-CADABRA ! des billets d'avion de chez Carlson Wagon-lit Travel, apparaissent dans la main de la femme.

Maintenant c'est au tour du mari : euh… c'est un instant très romantique, mais une opportunité comme celle-là n'arrive qu'une fois dans la vie…

— *Alors je suis désolé ma chérie, mais j'aimerais avoir une femme 30 ans plus jeune que moi.*

La femme est terriblement déçue, mais un vœu est un vœu. La fée fait un cercle avec sa baguette magique : ABRACADABRA ! **Soudain le mari a 90 ans !**

(Les hommes sont peut-être des salauds, mais les Fées sont des femmes !!!)

DIFFÉRENCES IMPORTANTES

Quelle est la différence entre l'inquiétude et la panique ?
L'inquiétude, c'est la première fois qu'on ne peut pas le faire la deuxième.
La panique, c'est la deuxième fois qu'on ne peut pas le faire la première.

Quelle est la différence entre exciter et énerver ?
Avant ma femme, elle m'excitait, maintenant elle m'énerve.

NE PAS CONFONDRE

Balle de la police et Pruneau d'Agen(t)

Maquillage et Peinture sur soi

Juif rigide et Raid israélien

Le gas-oil autorisé et L'essence interdit

Collant pour enfant et Bas layette

Bonne sœur enceinte et Fécondation in vitraux

Cure d'Évian et Régime de Vichy

Amateur d'art suisse et Esthète de Vaud

Échafaudage américain et Étai Indien

Plongée enfantine et Apnée juvénile

Verre d'adieu et Pot d'échappement

Roi blême et Cire incolore

Tente indienne et Oncle d'Amérique

Ravaler des façades et Manger des mûres

Marins au café et Mousses au chocolat

Le Vosgien bûche et l'Alsacien potasse

Le conducteur pue et le cocher fouette

Fière économe et Auguste Radin

Fauteuil mort et Chaise cannée

La sardine baisse et Le ton monte

Le cadavre encombrant et L'occis gène

Partie carrée et Transports en commun

Le saucisson démenti et Le jambon cru

Douche publique et Bain de foule

Le hippie se noie et Le baba coule

Poule d'eau et Cygne d'étang

Suspect de garden party et Accusé de réception

Le savant somnole et le chercheur dort

Tel est pris qui croyait prendre

Un couple est invité à une soirée très costumée. Juste au moment de partir la femme est prise d'une violente migraine et elle dit à son mari d'aller à la fête sans elle. Le mari enfile alors son déguisement et part, tandis que la femme va se coucher.

Après avoir dormi un peu, elle se réveille en pleine forme. Elle décide alors d'aller rejoindre son mari à la fête, mais comme elle est un peu soupçonneuse, elle se dit qu'elle va le surprendre en se déguisant avec un autre costume que celui qu'elle avait prévu.

Dès son arrivée à la fête, elle repère son mari : il est en train de danser avec une fille, puis encore une autre, puis une autre encore. Elle veut en savoir plus, et voir jusqu'où il est capable d'aller. Dans la cohue, elle l'aborde et l'invite à danser.

Sans la reconnaître, il lui susurre à l'oreille qu'ils pourraient s'isoler un petit peu, ce qu'ils font en allant directement faire l'amour dans un des recoins de la salle. L'affaire faite, la femme s'en va précipitamment et rentre chez elle.

Le mari rentre un peu plus tard, et sa femme l'attend ferme derrière la porte...

— *Alors! Comment était la fête?*

— *Ce n'était pas drôle sans toi chérie.*

— *Je ne te crois pas, je suis sûre que tu t'es bien amusé!*

— *Non je t'assure. Quand je suis arrivé, il n'y avait pas d'ambiance, alors avec quelques gars qui étaient là, on a décidé d'aller jouer aux cartes au bistrot voisin...* ***Par contre, j'ai passé mon costume à un ami qui n'en avait pas, et il m'a téléphoné pour me remercier: il est tombé sur une sacrée salope et il paraît qu'il s'est bien régalé.***

LE VIEUX TONTON D'AFRIQUE

Pendant le repas de communion solennelle, l'un des convives demande au vieux tonton qui avait fait l'Afrique de raconter sa célèbre partie de chasse au lion. Mais le tonton tente de s'esquiver prétendant qu'il l'avait déjà racontée maintes fois. L'assemblée insiste alors, et tous en chœur tambourinent :

— ***TON – TON – LA – CHASSE AU LION – TON – TON – LA – CHASSE AU LION… !!!!***

— *Bon, bon, dit-il, je veux bien la raconter encore une fois :*

Alors nous marchions depuis trois jours dans la jungle sur les traces du lion, et au moment où nous nous y attendions le moins, là !…. Devant moi !…. À quelques mètres !…. Un lion ÉNORRRRME !…. Qui me regarde droit dans les yeux !….Terrrrible !….Et il fait **RRRAAAAAOOOOOHHH !!!……. !!!……**

— *Et alors Tonton ? Qu'est-ce qui s'est passé après ?*

— *Ben…J'ai fait dans mon pantalon !*

— *C'est normal Tonton, t'as dû avoir drôlement peur !*

— ***Non !…. C'est tout de suite en faisant RAOH !***

Bidasse en perm

Après six mois d'absence, Roger rentre enfin dans sa famille pour une permission de 4 jours. Pendant le repas, il s'inquiète soudain de ne pas voir son chat :

— *Mon minet* **Ramaou** *il est où ?*

— *Ben il est crevé.*

— *Quoi ???*

— *Ben oui, il est crevé.*

— *Ah ! Mais vous êtes vraiment salauds !!!*

— *Quoi quoi quoi ? Qu'est-ce qu'on a fait ?*

— *Ben vous me dites ça froidement, en pleine gueule : le chat il est crevé !!!*

— *Ben qu'est-ce tu veux qu'on te dise, quoi ?*

— *Je sais pas, moi, vous auriez pu amener l'affaire tout doucement, merde !!!*

— *Ah, t'es marrant, toi !*

— *Ben oui ! Vous auriez pu dire : Ramaou, il est monté su'l'toit, il a glissé, y s'est rattrapé à la gouttière, la gouttière qu'était pourrie, elle a lâché, le chat il est tombé avec la gouttière sur la rue, et puis y a une voiture qu'a pas pu l'éviter… merde, vous êtes cons alors !……..*

— *Ben excuse-nous !*

— *Bon, et* **Mémé***, comment elle va ?*

— Ben…Euh…Ben… Mémé, elle est montée su'l'toit…

Le chasseur distrait

Un monsieur de 80 ans prend une consultation chez le médecin.

— *Qu'est-ce qui vous arrive?*

— *Tout va bien, docteur, c'est juste pour une visite prénuptiale.*

— *Ah? Félicitations! Et qui est l'heureuse élue?*

— *Elle s'appelle Géraldine et elle a 31 ans.*

— *Bravo!*

— *Et en plus, docteur, elle est enceinte!*

— *Ouaouh! Encore bravo!.....Vous savez, votre histoire me rappelle celle d'un chasseur d'ours, mais tellement distrait qu'en partant, il a pris son parapluie au lieu de son fusil. Après une longue attente de notre chasseur, un ours sort enfin de sa caverne. L'homme tire, le parapluie s'ouvre... et l'ours tombe, mort...*

— *Bof, réfléchit le vieil homme, quelqu'un a dû tirer à sa place!*

— ***C'est ce que je voulais vous entendre dire,** répond le médecin.*

Moteur increvable

Un papy amène sa jeune femme à la clinique pour accoucher. Tout se passe très bien, la sage-femme vient féliciter l'heureux papa.

— *Mais quel âge avez-vous ?* dit-elle.

— *79, répond-il fièrement !*

— *Bravo ! Vous avez un secret ?*

— *Bien sûr ! En fait, il ne faut jamais arrêter le moteur !*

Un an après, le même papy ramène sa jeune femme pour accoucher. Ça se passe toujours très bien, et la même sage-femme revient le féliciter et lui dit :

— *Je vois que le moteur marche toujours bien !*

— *Oui... jamais arrêter le moteur !*

Un an après, rebelote en troisième édition. Mais là le bébé est noir. La sage-femme va comme d'habitude féliciter l'heureux papy papa et lui dit :

— ***Je pense que votre moteur a besoin d'une vidange.***

Façons de voir

Leçon d'arithmétique, la maîtresse demande :

— Sur un fil électrique, il y a 11 oiseaux ; le père Léon les tire avec une cartouche à plombs et en tue 3 ; combien en reste t-il ?.... Toi Toto !

— Zéro, M'dame.

— Pourquoi donc ?

— Parce qu'ils se sont tous envolés, M'dame.

— Je voulais que tu me répondes 8 (11 – 3) ; mais j'aime bien ta façon de voir les choses !

Pendant la récréation qui suit, Toto va voir la maîtresse et lui dit :

— M'dame, j'peux vous poser une devinette ?

— Oui, vas-y

— Sur un banc, trois dames mangent une glace. L'une la croque, l'autre la lèche, et l'autre la suce. Laquelle est mariée ?

— Euh... Celle qui la lèche ?

— Non, c'est celle qui a une alliance ; mais j'aime bien votre façon de voir les choses.

Professeur de logique

Sur la place du village, Fernand voit descendre d'une magnifique Mercedes dernier modèle un rouquin sapé comme un prince, dans les mêmes âges que lui, c'est-à-dire la trentaine. Après un moment d'hésitation, il pense reconnaître un copain d'école ; il va vers lui, et lui demande :

— *Tu s'rais pas p'tit Louis ?*

— *Euh, oui, c'est comme ça qu'on m'appelait avant... mais c'est Fernand ?!*

— *Ben oui, ça me fait tout drôle de te retrouver au bout de... 20 ans ? Dis donc, ça a l'air de bien marcher pour toi ; qu'est-ce que tu fais donc ?*

— *Oui, eh bien je suis professeur de logique.*

— *Quoi ? Ça existe ce métier ?*

— *Oui tu vois !*

— *Mais ça consiste en quoi ?*

— *Facile, les gens ont perdu le bon sens et la logique avec le prêt-à-penser qu'on nous sert quotidiennement. Alors on reprend tout à zéro. Par exemple, on peut partir sur n'importe quoi... Tiens, est-ce que tu as un aquarium ?*

— *Oui*

— *Bon, si tu as un aquarium, c'est que tu aimes les poissons. C'est de la logique ! Maintenant, si tu aimes les poissons, c'est que tu aimes les animaux. C'est de la logique ! Je continue, si tu aimes les animaux, c'est que tu aimes la nature. C'est de la logique ! Et si tu aimes la nature, c'est que tu es un mec normal !*

— *Ben oui, j'suis un mec normal.*

— *Bon, si tu es un mec normal, c'est que tu n'es pas un pédé.*

— Ah ça non ! Mais c'est formidable ton truc ! Et alors, tu gagnes ta vie comme ça ?

— Tu vois, et ça marche fort.

Fernand rentre tout émoustillé à la maison et rencontre son beau-frère qui est du coin aussi.

— Dis donc tu te rappelles du p'tit Louis, le rouquin ?

— Ah oui, je vois.

— Eh bien tu verrais comme il a réussi, business, Mercedes neuve et tout.

— Qu'est-ce qu'y fait ?

— Professeur de logique !

— Quoi ? C'est quoi ça ?

— Tiens, y m'a fait une démonstration bluffante, tu vas voir : est ce que t'as un aquarium ?

— Non.

— Ooooh ! Toi t'es un pédé alors !

LOGIQUE DE MARIAGE

Les chaînes du mariage sont lourdes : il faut être deux pour les porter... **parfois trois.**

Alexandre Dumas

Un mari quelque peu volage, le lendemain de son mariage, tua sa femme à son réveil.

Moralité : La nuit porte conseil.

Alphonse Allais

Souvenirs de guerre

Dans les tranchées de la guerre 14-18, Léon trouva un bon truc pour dégommer un Allemand par-ci par-là. Il s'agissait de crier HANS !! Et dans la tranchée d'en face, s'il y avait un Hans, il sortirait peut-être la tête (malheureusement pour lui).

Léon fit son coup d'essai : *HANS !!!*

Un Hans sort la tête et crie : *YA !!!*

Léon tire, PAN ! Et le rate…

Le temps passe, et durant la guerre de 40, les deux compères se retrouvent, Léon dans les fantassins et Hans en haut de la tourelle d'un char. Léon s'écrie :

— *Mais c'est HANS ??! !*

— *YA !!!*

Léon tire, PAN ! Et le rate encore…

Le temps passe, les guerres sont finies, et un jour du mois d'août, Léon qui boit une bière sur une terrasse des Champs Élysées aperçoit soudain Hans en civil à deux tables plus loin.

— *Vous êtes bien HANS ?*

— ***YA ! YA !!! Vous m'avez beaucoup manqué !***

Recette inattendue

Deux pépés se promènent sur un trottoir, quand l'un s'arrête net sur une crotte de chien. Il sort un mouchoir propre, prend délicatement la crotte, l'enveloppe, et remet le tout dans la poche.

— *Qu'est ce que tu vas faire avec ça?* dit l'autre.

— *La manger, tiens!*

— *Mais c'est fou!!! Et comment tu vas manger ça?*

— *Avec du sucre, tiens!*

— ***Aaaaah? Avec du sucre! Évidemment! Ça change tout!***

SPLAT! CRASH WHOOSH!

DÉFINITIONS

GYNÉCOLOGUE : Personne qui travaille là où les autres s'amusent.

INTELLECTUEL : Se dit d'un individu capable de ne pas penser pendant plus de deux heures au sexe.

PESSIMISTE : Optimiste qui a de l'expérience.

PROGRAMMATEUR : Personne qui résout de manière incompréhensible un problème que tu ignorais avoir.

PSYCHOLOGUE : C'est un type qui regarde les autres dans une séance de strip-tease.

TRAVAIL D'ÉQUIPE : C'est la possibilité de faire endosser les fautes aux autres.

VEDETTE : Personne qui travaille dur toute sa vie pour être connue, et qui porte ensuite de grosses lunettes noires pour ne pas être reconnue.

Êtes-vous aussi D.A.D.A.? (pas GAGA!)

Récemment, j'ai été diagnostiqué D.A.D.A. – Déficit d'Attention Dû à l'Âge. Voilà comment cela se manifeste:

- Je décide de laver ma voiture. Alors que je vais vers le garage, je remarque qu'il y a du courrier sur la table d'entrée. Je décide de regarder le courrier avant de laver la voiture. Je pose mes clés de voiture sur la table, mets dans la corbeille à papier, en dessous de la table, tout le courrier publicitaire et remarque que la corbeille est pleine!!!
- Alors, je décide de reposer les factures sur la table et de vider d'abord la corbeille. Mais, je me dis que puisque je vais être à côté de la boîte aux lettres quand je vais sortir la poubelle, autant préparer d'abord le règlement des factures.
- Je prends mon carnet de chèques sur la table et je vois qu'il ne me reste plus qu'un seul chèque. Mon autre chéquier est dans mon bureau, donc j'y vais et je trouve sur le bureau la boîte du Coca que j'ai commencé de boire. Je vais chercher mon chéquier, mais, avant tout, il faut que j'enlève ce Coca de là avant de le renverser accidentellement.
- Je remarque qu'il commence à devenir tiède, je décide donc de le mettre au frigo pour le rafraîchir. Alors que je me dirige vers la cuisine avec le Coca, le vase sur le comptoir me saute aux yeux: les fleurs ont

besoin d'eau ! Je pose le Coca sur le comptoir et découvre mes lunettes pour lire que je cherchais depuis le matin. Je me dis que je ferais mieux de les remettre dans mon bureau, mais avant, je vais donner de l'eau aux fleurs.

• Je repose les lunettes sur le comptoir, remplis un pichet d'eau et, soudain, j'aperçois la télécommande... Quelqu'un l'a laissée sur la table de la cuisine. Je me dis que, ce soir, quand on va vouloir regarder la télé, je vais la chercher partout et je ne me souviendrai plus qu'elle est dans la cuisine.

Je décide donc de la remettre dans le salon où est sa place, mais avant je vais donner de l'eau aux fleurs.

• Je donne de l'eau aux fleurs, mais j'en renverse la plus grande partie sur le sol.

Alors, je remets la télécommande sur la table, vais chercher un chiffon et je nettoie les dégâts. Ensuite, je reviens dans l'entrée en essayant de me souvenir de ce que je voulais faire.

• À la fin de la journée, la voiture n'est pas lavée, les factures ne sont pas payées, il y a un Coca tiède sur le comptoir de la cuisine, les fleurs n'ont pas assez d'eau, je n'ai pas mon nouveau chéquier, je ne trouve pas la télécommande, je ne sais pas où sont mes lunettes, et je n'arrive pas à me souvenir de ce que j'ai fait des clés de voiture. Et puis quand je me rends compte que rien n'a été fait aujourd'hui, je n'y comprends rien parce que je n'ai pas arrêté de la journée et que je suis complètement crevé !!!

La cigale et la fourmi

(version moderne)

Il était une fois une fourmi et une cigale qui étaient de grandes copines. Pendant tout l'automne, la petite fourmi travaille sans relâche, engrangeant de la nourriture pour l'hiver. Elle ne profite ni du soleil, ni de la douce brise des belles soirées, ni des bavardages entre copains en savourant une petite bière fraîche après la journée de labeur.

Pendant ce temps, la cigale, quant à elle, faisait la fête avec ses amis dans les bars de la ville, chantant tout l'automne, dansant, profitant du soleil, prenant du plaisir sans se préoccuper de la mauvaise saison qui finirait par arriver…

Puis, lorsque vint le froid, la petite fourmi, exténuée par tout ce travail, se réfugia dans sa modeste demeure remplie de nourriture jusqu'au plafond.

La porte à peine refermée, voilà que quelqu'un appelle la fourmi depuis l'extérieur. En ouvrant la porte, elle se trouve éberluée devant son amie la cigale au volant d'une Ferrari et portant un somptueux manteau de fourrure !

La cigale lui dit :

— *Bonjour mon amie ! Je vais passer l'hiver à Paris. Tu voudrais bien veiller sur ma petite maison ?*

La petite fourmi répond :

— *Mais bien sûr, sans problème ! Mais dis-moi, que t'est-il arrivé ? Où as-tu trouvé l'argent pour aller à Paris, t'acheter cette Ferrari et ce magnifique manteau ?*

La cigale :

— *Figure-toi que je chantais dans un bar la semaine dernière, et un producteur a adoré ma voix… J'ai signé un contrat pour des spectacles à Paris. À propos, as-tu besoin de quelque chose de là-bas ?*

— *Oui, répond la petite fourmi :* ***si tu rencontres La Fontaine, dis-lui qu'il aille se faire foutre chez les Grecs !!!***

AVIS DE MÉMÉS

– *Par le passé, quand j'étais jeune fille, je devais me déshabiller entièrement chez le médecin. Aujourd'hui, il suffit de lui montrer la langue !*

– ***C'est fou ce que la médecine a fait comme progrès !***

Un saint oublié

Il était une fois un saint très contrarié car personne ne le priait. Les gens priaient Saint Pierre, Saint Christophe, Saint François, et bien d'autres, mais lui, rien ! Alors, il demanda une réunion avec Dieu, et ce dernier lui recommanda la chose suivante :

Fais-toi faire des cartes de visite et répands-les dans le monde entier. Tu diras que tu fais des miracles à la demande. Par contre, ne donne ta carte ni aux cons ni aux femmes faciles. Rappelle-toi bien : ni aux cons ni aux femmes faciles !

C'est ainsi que le Saint suivit les conseils de Dieu, et il distribua sa carte dans le monde entier en évitant les cons et les femmes faciles. À présent, c'est le Saint le plus miraculeux et le plus adoré dans le monde.

Savez-vous comment s'appelle ce Saint ?

Allez, réfléchissez bien !

Vous ne savez vraiment pas qui c'est ?

Vraiment ???

Ahhhhh !!!! Alors on n'a pas reçu sa petite carte, hein ?

PERLES DU BAC
(commentées par le correcteur)

Clovis mourut à la fin de sa vie.
(Il a eu de la chance Clovis !)

Charlemagne se fit châtrer en l'an 800.
(Ouch !!)

Quand les paysans avaient payé leurs impôts, ça leur faisait un gros trou aux bourses.
(Sacré Charlemagne !)

La mortalité infantile était très élevée, sauf chez les vieillards.
(Ils avaient du pot, eux !)

Les enfants naissaient souvent en bas âge.
(?????)

L'armistice est une guerre qui se finit tous les 11 novembre...
(On n'est pas dans la merde !)

Les nuages les plus chargés de pluie sont les gros cunnilingus.
(Pas obsédé du tout !)

Les Américains vont souvent à la messe car les protestants sont très catholiques.
(Va donc sortir ça en Irlande du Nord !)

La Chine est le pays le plus peuplé du monde avec un milliard d'habitants au km^2.
(On comprend mieux pourquoi ils sont minces !)

Pour mieux conserver la glace, il faut la geler.
(C'est bien connu !)

Le passage de l'état solide à l'état liquide est la niquéfaction.
(Encore un obsédé !)

Un kilo de mercure pèse pratiquement une tonne.
(Va falloir faire gaffe avec les thermomètres !)

La climatisation est un chauffage froid avec du gaz, sauf que c'est l'inverse.
(Là je suis pas !)

Les fables de La Fontaine sont si anciennes qu'on ignore le nom de l'auteur.
(Ben tiens !)

Le chien, en remuant la queue, exprime ses sentiments comme l'homme.
(Voilà enfin une vérité !)

Grâce à la structure de son œil, un aigle est capable de lire un journal à 1400 mètres.
(Faut vraiment faire gaffe à tout, maintenant !)

Les calamars géants saisissent leurs proies entre leurs gigantesques testicules.
(Heureusement qu'on n'en croise pas tous les jours !)

L'artichaut est constitué de feuilles et de poils touffus plantés dans son derrière.
(Désormais, je vais regarder mes artichauts autrement !)

Après un accident de voiture, on peut être handicapé du moteur.
(C'est les garagistes qui doivent être contents !)

Vaut mieux bricoler soi-même

Lundi 19h00

Ding!

— *C'est toi chéri? Dis, les tablettes de l'armoire se sont écroulées. Tu veux bien m'arranger ça?*

— *Oh! Hé! Débrouille-toi! J'suis pas menuisier, moi!*

Mardi 19h00

Ding!

— *C'est toi chéri? Regarde, il y a une fuite sous l'évier! Il faudrait que tu colmates ce tuyau.*

— *Oh! Ça va pas, non? J'suis pas plombier, moi!*

Mercredi 19h00

Ding!

— *C'est toi chéri? Cette lampe ne marche plus! Tu pourrais la rafistoler?*

— *Et puis quoi encore? J'suis pas électricien, moi!*

Jeudi 19h00

Ding!

— *C'est toi chéri?..... Tu sais l'armoire, l'évier, la lampe, tout a été réparé par notre voisin, le jeune Thierry! Quel bricoleur celui-là!.....Et quel blagueur! Figure-toi qu'en échange, il m'a demandé, soit de coucher avec lui, soit de lui confectionner une tarte!*

— *Ah? Et... euh... tu lui as fait une tarte à quoi?*

— ***Une tarte?! Tu rigoles... J'suis pas pâtissière, moi!***

BÊTISIER DES MAIRIES

Les ralentisseurs que vous avez mis devant l'école sont trop hauts et ma femme se fait sauter quatre fois par jour.

Depuis que vous avez acheté un ordinateur à la mairie y'a plus moyen de trafiquer les papiers comme vous faisiez avant.

Ça sert à rien de faire des activités pour les vieux puisqu'ils sont inactifs.

Mes impôts pour la commune j'aimerai bien les voir dans les trous de la route et pas dans votre poche.

Le cimetière est dans un état pas possible et tous ceux qui y habitent pensent comme moi.

Est-ce qu'on ne pourrait pas déplacer le bal du 14 juillet au 15 août ?

Si les morts votaient, c'est sûr que vous seriez battu à force de vous en foutre du cimetière.

Je suis sûr que le maire se touche
les dessous de table.

À la mairie vous êtes des moins que rien,
pour ne pas dire plus !

J'ai bien reçu votre bulletin de la mairie et
je vous pose la question :
c'est avec notre argent que vous écrivez
des âneries comme ça ?

Oui monsieur le maire, vous êtes
responsable des cacas de chien dans
les rues même si ce n'est pas vous
qui les faites personnellement.

Le toit de l'église fuit depuis deux ans
et la vierge est toujours mouillée.
Faites quelque chose pour elle
s'il vous plaît monsieur le maire.

Nous sommes la commune française
où il y a le plus de chômage au monde.

Depuis que vous avez été élu, la cabine
téléphonique tombe toujours en panne.

Être élu c'est facile pour vous parce que vous êtes pas mal foutu et vous embrassez toutes les femmes sur le marché.

Parce que vous avez fait la route pas assez large, mon voisin est obligé de faire plein de manœuvres difficiles avec sa voiture dans son garage qui est juste contre le nôtre alors ce qui devait arriver est arrivé. Un matin où il était sûrement bourré, il a fini par réussir à rentrer dans ma femme. Faut l'faire.

Si c'est le maire qui est chargé d'enlever les ordures, comment dois-je faire avec ma femme ?

Vous êtes le maire, c'est-à-dire le président de la république de la commune ; moi, à votre place, je m'occuperais un peu plus gentiment de toutes les femmes de la commune qui n'ont pas d'hommes à se mettre sous la main.

La responsabilité de tous les accidents que j'ai eus n'est pas pour moi mais pour les routes où je circule et qui ne sont pas en état de conduire.

LE VIEIL ARABE

Un vieil Arabe vit depuis plus de 40 ans à Chicago. Il aimerait bien planter des pommes de terre dans son jardin, mais il est tout seul, vieux et faible.

Il envoie alors un email à son fils qui étudie à Paris pour lui faire part de son problème.

Cher Ahmed,

Je suis très triste car je ne peux pas planter des pommes de terre dans mon jardin. Je suis sûr que si tu étais ici avec moi, tu aurais pu m'aider à retourner la terre.

Ton père qui t'aime. Jamil.

Le lendemain, le vieil homme reçoit ce courriel :

Cher Père,

S'il te plaît, ne touche surtout pas au jardin ! J'y ai caché ce que tu sais.

Moi aussi je t'aime. Ton fils Ahmed.

À 4 heures du matin arrivent chez le vieillard la US Army, les Marines, le FBI, la CIA et même une unité d'élite des Rangers. Ils fouillent tout le jardin en profondeur millimètre par millimètre, et repartent bredouilles.

Quelques heures plus tard, le vieil homme reçoit un nouveau courriel de son fils :

Cher Père,

Je suis certain que la terre de tout le jardin est désormais retournée et que tu peux planter tes pommes de terre. Je ne pouvais pas faire mieux.

Ton fils qui t'aime, Ahmed.

Femme-Rambo

Le FBI décide de sélectionner son agente la plus performante. Pour le choix final, les recruteurs mettent les trois femmes présélectionnées devant une porte métallique et leur donnent un pistolet.

— *Nous devons être sûrs que vous suivrez nos instructions, et ce, quelles que soient les circonstances. Derrière cette porte, vous trouverez votre mari assis sur une chaise et vous devrez le tuer.*

La première dit : — *Vous n'êtes pas sérieux ? Je ne pourrai jamais tuer mon mari !*

— *Alors, vous n'êtes pas la femme faite pour ce travail !*

La deuxième prend l'arme et entre dans la salle. Tout est calme pendant environ cinq minutes, puis la femme revient, les larmes aux yeux.

— *J'ai essayé, mais je ne peux pas tuer mon mari !*

— *Alors, emmenez votre mari et rentrez chez vous !*

Enfin, c'est le tour de la troisième. On lui rappelle qu'elle doit tuer son mari. Elle prend le pistolet et entre dans la salle. On entend 3 tirs coup sur coup. Puis, on entend des cris, des coups contre les murs, des meubles qui se brisent.

Après quelques minutes, tout redevient calme. La porte s'ouvre et la femme sort. Elle s'essuie le front et dit :

— ***C'est qui le connard qui a mis des balles à blanc ? J'ai dû l'achever avec la chaise !!!***

UNE ERREUR GAGNANTE

Une blonde vient de gagner 30 000 € avec Jean – Pierre Foucault. L'ultime question était : Quel est l'oiseau qui ne fait pas son nid ?

Et elle a répondu : Le coucou !

– Ouiiiiiiiiiii !!! (Applaudissements !)

Le soir, alors qu'elle fêtait ses 30 000 € avec ses amies (blondes), l'une d'entre elles lui demande : *Mais comment tu savais que c'était le coucou ? C'est vachement fort !*

– ***Tu es con ou quoi, tu sais bien que les coucous ça vit dans les pendules suisses !!***

Nouvelle recrue

Dans une caserne de gendarmerie, le capitaine croise un jeune gendarme fraîchement débarqué de l'école de Gendarmerie.

— *Comment vous appelez-vous, mon garçon ?*

— *Jean-François, et vous ?*

Le capitaine, furieux, s'écrie :

— *Mon petit bonhomme, je ne sais pas d'où vous arrivez, mais sachez que je suis le capitaine et que je m'appelle « Mon CAPITAINE ». De même, dans ma compagnie, j'appelle les gens par leur nom de famille. Si vous vous appelez Jean-François Tartenpion, je vous appellerai « Tartenpion », mais pas Jean-François. Me suis-je bien fait comprendre ?*

— *Oui, mon capitaine.*

— *Alors, c'est quoi votre nom de famille ?*

— *Montcherry.*

— *Très bien, Jean-François, au travail.*

C'est quoi un lumbago?

Dans un compartiment de chemin de fer, il y a un prêtre et deux appelés qui viennent d'être libérés du service militaire.

— *Moi dit le premier, en arrivant chez moi, je vais fêter la quille avec mes potes. Crois-moi, pendant un sacré bout de temps, je serai bourré tous les soirs! Je vais me prendre des cuites d'enfer!*

— *Moi, fait l'autre, je vais me faire des filles! Plein de gonzesses. Je vais faire que ça toute la journée!*

Une demi-heure passe, et un des deux bidasses, qui s'est mis à lire le journal, demande à son copain:

— *C'est quoi un lumbago?*

— *Je ne sais pas!*

— *Et vous Monsieur le curé, vous savez ce que c'est?*

Le prêtre, qui avait entendu, outré, la conversation précédente, répond d'un ton sec:

— *C'est une affection extrêmement douloureuse qui frappe les alcooliques invétérés et les obsédés qui se livrent à des orgies sexuelles. Au fait, pourquoi vous me demandez ça?*

— ***Oh, pour rien! C'est parce que dans le journal, ils disent que le Pape souffre d'un lumbago...***

(Ce n'est pas bien de mentir, Monsieur le Curé...)

ANATOMIE

L'homme comprend trois parties : la tête, le tronc, les membres et les deux cotylédons.

La cage thoracique est faite avec du thorax.

On trouve le cerveau chez l'homme, la cervelle chez la femme, et le cervelet chez l'enfant.

Le cœur comprend deux oreillons et deux ventriloques.

Les poumons sont protégés par le soutien-gorge.

Les échanges respiratoires, c'est quand on respire avec une copine.

Si de la main droite, on se tâte le pouls au poignet gauche et qu'on ne sent rien, c'est qu'on est mort.

Qu'entend-on par fracture ? – *On entend « Crac ».*

TRAVAIL

J'adore le travail. ***Je suis capable de regarder des heures les gens travailler*** (Citation).

AMOUR EN RÉSUMÉ

On se veut, on s'enlace, on se lasse, on s'en veut. Sacha Guitry

PERLES DES ASSUREURS

J'étais bien à ma droite, et en me croisant, l'adversaire qui prenait un virage complètement à gauche, m'a heurté. Et maintenant, il profite de ce que j'avais bu pour me donner les torts. Honnêtement, est-ce qu'il vaut mieux être saoul à droite ou chauffard à gauche ?

Au carrefour, j'ai ralenti. J'ai laissé passer absolument toutes les voitures venant à ma droite que d'ailleurs il n'y en avait pas.
J'ai avancé, et j'ai été heurté par une 4 L qui venait justement de ma droite par un moyen que j'ignore. J'ai heureusement eu le temps de freiner et c'est là que le choc s'est montré sans réticence.

J'ai lu dans mon contrat que vous ne me remboursiez pas les frais de réparation de ma voiture si j'ai causé un accident en état d'ivresse. Je suis prêt à payer ce qu'il faudra pour que vous supprimiez ce paragraphe.

Étant dur d'oreille, je n'ai pas vu le cycliste arriver.

Je suivais une voiture quand celle-ci s'est arrêtée à un feu rouge à ma grande surprise.

PROBLÈME DE CONSTAT

Si le type qui a provoqué l'accident vous donne ensuite des coups de poing, **est-ce que le constat à l'amiable reste valable ou non** ?

POST MORTEM

M. le Directeur,
Dans une déclaration d'accident que je vous avais adressée, **j'ai oublié de vous dire qu'il y avait un mort.**

Confession

Une vieille dame est au confessionnal :

— *Mon père, il faut que je vous dise : hier soir, j'ai fait l'amour avec mon mari.*

— *Mais, voyons, ce n'est pas un péché !*

— *Je sais mon père, mais* ***ça faisait tellement longtemps que ce n'était pas arrivé qu'il fallait que j'en parle à quelqu'un.***

RELATIONS

Que pensez-vous de l'Enfer et du Paradis ?

– ***C'est difficile à dire, j'ai des amis des deux côtés.***

Sermon

Madame revient de la messe :

— *Alors le sermon était bien ?*

— *Oui, le curé a parlé du péché.*

— *Et qu'est-ce qu'il a dit ?*

— ***Euh… il est plutôt contre.***

DEVOIR CONJUGAL

Un type rentre chez lui à l'improviste et trouve sa femme au lit avec son meilleur copain.

— ***Raymond... Ça alors ! Moi, je suis obligé... mais toi ?***

DISPUTE

Un couple se dispute. La femme crie :

— *Sans mon argent, nous n'aurions pas ces jolis meubles, ni cette super chaîne Hi-Fi, encore moins cet appartement.*

— *C'est sûr... mais tu oublies une chose, chérie, sans ton argent, je ne serais moi-même pas là.*

Cocu littéraire

Depuis quelque temps,
je commençais à m'apercevoir
que je n'étais plus le seul à partager
la fidélité de ma femme.

CONSEIL AUX CARDIAQUES

Pas d'excitation… ***l'amour, seulement avec votre femme.***

CONFIDENCE

— Moi, je n'ai pas couché avec ma femme avant le mariage. Et toi ?

— Je ne sais pas… Quel était son nom de jeune fille ?

COUR D'ASSISES

— Vous avez tué votre amante. Qu'avez-vous pour votre défense ?

— Je l'aimais, monsieur le président. Je l'aimais !

— Crime passionnel ? Trop facile. Je vous mets 20 ans de prison.

Moralité : quand on aime, on a toujours 20 ans.

ENTRE FEMMES

— J'ai lu qu'une femme éprouvait plus de remords à l'idée d'avoir été infidèle que si elle avait commis un crime. Qu'en pensez-vous ?

— Je ne sais pas… Je n'ai jamais tué personne.

Recherche de tuyau

Un homme qui a été cambriolé est convoqué au commissariat le lendemain, car on a retrouvé le voleur. Il demande :

— *Puis-je parler au voleur ?*

— *Pour lui dire quoi ?*

— *Écoutez, monsieur le commissaire, il a réussi à pénétrer chez moi à 2 heures du matin sans réveiller ma femme.* ***S'il m'explique comment, j'enlève ma plainte.***

ÉQUATIONS

Homme intelligent + femme intelligente = histoire d'amour
Homme intelligent + femme idiote = grossesse
Homme idiot + femme intelligente = aventure sans lendemain
Homme idiot + femme idiote = mariage

Histoire de couple

— *Mamour, pourquoi te mets-tu tout le temps devant la fenêtre quand je chante ?*

— ***Mais, chérie, pour que les voisins ne croient pas que je te frappe.***

Jalousie

— *T'aimes bien les femmes avec les seins qui tombent?*

— *Euh, non!*

— *Et les femmes qui ont des varices et de la barbe au menton?*

— *Ben, non!*

— *Et quand elles louchent, t'aimes bien?*

— *Non. Pourquoi tu me demandes tout ça?*

— ***Alors qu'est-ce que t'as à tournicoter autour de ma femme?***

Suspicion

Une femme à son mari :

— *Peux-tu me dire qui est cette France Télécom avec qui tu corresponds ?*

Le droit à la différence

— *Moi, ma femme est médium si elle dit l'avenir à tout le monde.*

— *Moi, la mienne, elle est extra large et elle dit rien.*

MARIAGE

Certains hommes n'ont que ce qu'ils méritent. Les autres sont célibataires.
Sacha Guitry

Le mariage est une condamnation de drap commun.
Alexandre Breffort

Mûrissement du mariage

Au bout de six jours : « *Ne te déranges pas, chérie, j'y vais.* »
Au bout de 6 mois : « *Tu veux que j'y aille ?* »
Au bout de 6 ans : « ***Alors, ça vient ?*** »

Nouvelle bonne

La maîtresse de maison reçoit la nouvelle bonne :

— *Vous verrez, mon petit, je ne suis pas difficile.*

— ***Je sais Madame, j'ai vu Monsieur en arrivant.***

Premier amour

— *Mon amour, dis-moi que je suis le premier !*

— *Bien sûr mon chéri !…. Mais qu'est-ce que vous avez tous à poser la même question ?*

Mauvaise éducation

La mort en définitive, n'est que le résultat d'un manque d'éducation puisqu'elle est la conséquence d'un manque de savoir vivre. Pierre Dac

Voyage différé

Monsieur téléphone chez lui et dit à la bonne :

— *Vous direz à madame que je viens coucher ce soir.*

— *C'est de la part de qui ?*

DÉFINITIONS

Adulte: Qui est en âge de pratiquer l'adultère.

Affection: Maladie sentimentale sans gravité.

Affection cutanée: Avoir quelqu'un dans la peau.

Amour platonique: Celui qui a pour objet une femme plate.

Animaux de compagnie: L'animal qui a le plus profité de la compagnie de l'homme, c'est le microbe. Malcolm de Chazal

Béton: Matériau communément employé par les municipalités pour faire pousser de l'oseille sous les tables.

Bois de Boulogne: Il a une particularité unique au monde: quand on donne un coup de pied dans un buisson, il vous le rend.

Chéri: Locution pratique employée dans l'intimité de préférence au prénom, de façon à éviter des erreurs regrettables.

Confrère: Personnage sans talent qui fait inexplicablement le même métier que vous. Georges Gourteline

Dégâts : Conséquence d'une collision en mer. Exemple : dégâts de la marine.

État totalitaire : État dans lequel tout ce qui n'est pas interdit est obligatoire.

Faucheur : Assassin en herbe.

Fonctionnaires : Sont un peu comme les livres de bibliothèque, ce sont les plus haut placés qui servent le moins. Clemenceau

Haltères : Pluriel de bière. Ex : une bière/des haltères.

Homme politique : C'est un type qui a fait quatre ans de droit et le reste de travers. Coluche

Homosexualité : Sens interdits.

Hostie : Petite pilule pour la foi.

Inca : Personne en dépression. Exemple : Inca désespéré.

Japonais : Petit chien nippon qui aboie. Exemple : il vous jappe au nez.

Kangourou : Animal peureux muni d'une poche dans laquelle il se réfugie en cas de danger.

Karaté : Coup d'art martial qui n'a pas réussi.

Lézard : Animal décoratif. Exemple : Lézard décoratif.

Liaison : Occasion offerte qui s'est compliquée d'une habitude.

Manufacture : Facture faite à la main.

Mariage : Possibilité de résoudre à deux des problèmes qu'on n'aurait jamais eus si l'on était resté seul.

Ménopause : À partir d'un certain âge, les femmes ne trompent plus leur mari selon les règles. Georges Elgozy

Mulâtre : Personne dont les parents sont de sexe différent.

Occiput : Assassinat d'une prostituée par un coup derrière la tête.

Oculiste : Médecin qui soigne des maladies occultes.

Paranoïaque : Interlocuteur qui oublie de parler de vous. Philippe Bouvard

Paresse : Habitude de se reposer avant la fatigue. Jules Renard

Pathogène : Microbe qui a de toutes petites pattes.

Porcelaine : Femelle du porc.

Poule : Seule façon pour un œuf de faire un autre œuf. Samuel Butler

Quadrupède: Qui a quatre pieds. Exemple: le tabouret.

Râle: Mot inscrit sur des chaussettes. Exemple: le mot râle dans les chaussettes.

Sadique: Vicieux qui irait jusqu'à mettre une punaise sur une chaise électrique.

Santé: Ce qui sert à ne pas mourir quand on est malade. Georges Perrot

Sexagénaire: Homme obsédé par tout ce qui concerne le sexe opposé.

Sismographe: Appareil qui sert à régler l'intensité des tremblements de terre.

Sottise: Passer pour un idiot aux yeux d'un imbécile est une volupté de fin gourmet. Courteline

Statisticien: Spécialiste qui, si vous avez les pieds dans le four et la tête dans le réfrigérateur, vous dira que vous êtes en moyenne dans une position très confortable.

Tripotanus: Sorte de dinosaure homosexuel.

Vaudeville: Petit d'une vache citadine.

Voyelle: Femme d'un voyou.

Water-polo: Petit tricot que l'on porte aux toilettes.

Petites devinettes

Pourquoi un bon sonneur de cloches devrait-il recevoir un cadeau ? **Parce qu'il est digne d'un don.**

Comment s'appelle l'ange gardien des roux ? Oliver. **Parce que l'ange Oliver protège les roux.**

Quelle est la différence entre un adjudant et un eunuque ? Aucune. **Les deux savent ce qu'il faut faire, et c'est tout.**

Qu'est-ce que la vie ? **C'est une maladie mortelle sexuellement transmissible.**

Qui est le plus grand pêtomane de l'antiquité ? **Damoclès (les pets de Damoclès).**

Comment appelle-t-on une voyante qui lit l'avenir dans le sucre en poudre ? **Une extraglucide.**

Dictons bretons

Horizon pas net,
reste à la buvette !

Quand les mouettes ont pied,
il est temps de virer !

Caleçon qui gratte,
morpions qui squattent !

Noël au balcon,
enrhumé comme un con !

DICTONS CORSES

Si tu as envie de travailler,
assieds-toi et attends que ça passe.

Heureux l'étudiant qui comme la rivière
peut suivre son cours sans quitter son lit.

DISCOURS POLITIQUE

Une erreur peut être vraie ou fausse selon que celui qui la commet a tort ou raison.

Pierre Dac

S.O.S. MÉDECIN

— Allô, docteur, je viens de me faire une entorse. Qu'est-ce que je dois faire?

— Il faut bander immédiatement.

— Bon. Je veux bien, mais pour l'entorse, qu'est-ce qu'on fait?

CAS LIMITE

— Docteur, mon problème, c'est que je n'ai plus de mémoire.

— Depuis quand?

— Depuis quand quoi?

Incontinence

— Voilà, docteur, je fais de l'incontinence et je fais dans mon pantalon.

— Bon, vous êtes un grand hypersensible, je vais vous donner un tranquillisant.

Un mois après, dans la rue:

— Alors, cette incontinence?

— Ça va, docteur. Je fais toujours, mais maintenant, je m'en fous complètement!

Échange de procédé

Un médecin téléphone à son patient :

— *Le chèque que vous m'avez fait m'est revenu.*

— **Quelle coïncidence docteur, les rhumatismes dont vous m'aviez guéris me sont revenus aussi.**

Médico séduction

J'ai rencontré cette jolie ostéo à la suite d'un déplacement dans les lombaires. Bien qu'étant très coincé, elle m'a fait tout de suite « craquer ».

Patient tordu

Le médecin :

— *Je n'arrive pas à découvrir la cause de votre gastrite… Ce doit être l'alcool !*

— **Très bien, docteur, je reviendrai un jour où vous serez à jeun !**

Conseil douteux

— *Vous devriez marcher au moins 2 heures tous les jours.*

— *avant ou après le travail, docteur?*

— *Pourquoi cette question?*

— ***Je suis facteur!***

Logique de cabinet

— *Docteur, je perds mes cheveux et mes dents. Qu'en pensez-vous?*

— ***Que vous êtes bien distrait!***

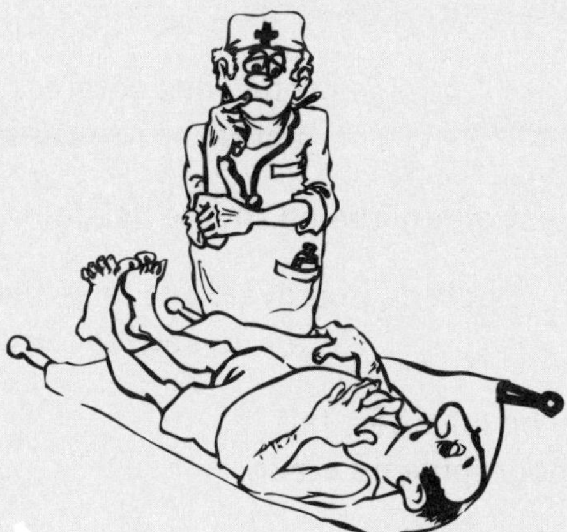

COMMERAGES MÉDICAUX

Mon docteur m'a fait faire un ketchup à l'hôpital et ils m'ont même fait une anesthésie au pain complet (pentothal).

Pour mes problèmes d'obésité et d'estomac, le professeur m'a fait transférer au service de gastronomie.

La pauvre, elle ne rencontre que des garçons qui n'ont ni queue ni tête.

Mon mari, ils lui ont fait un scanner et puis un RMI.

Je cherche un vénérologue pour la grosse varice que j'ai là.

Moi, je prends des céréales le matin pour aller à la constipation.

Mon fils, il est allergique au rhume des foins.

Docteur, je croyais que la gélule du soir, c'était un anti-décompresseur.

Ma femme, on lui a déjà fait une mammographie du cœur.

J'ai une entorse du pied avant gauche.

Chirurgien distrait

Dans une chambre de la clinique, deux pensionnaires discutent :

— Il paraît que le docteur Durand, la semaine dernière a oublié des ciseaux dans le ventre d'une dame.

— *Eh bien moi on m'a dit que le mois dernier, il avait laissé ses lunettes, pareil, il a fallu rouvrir le patient.*

À ce moment, la porte s'ouvre brutalement, le docteur Durand apparaît et demande :

— ***Personne n'a vu mon parapluie ?***

Consultation

– *Veuillez vous déshabiller, chère madame.*

– **Docteur, on se connaît à peine !**

Diagnostic futé

— *Docteur, quand j'appuie sur mon ventre, j'ai mal. Quand j'appuie sur ma joue, j'ai très mal. Quand j'appuie sur ma cuisse, j'ai encore plus mal. Est-ce grave ?*

— ***Non. Vous avez seulement un doigt cassé !***

INSOMNIE CORSE

Le docteur :

– *Dans votre insomnie, vous vous réveillez souvent ?*

– ***Oh oui ! Tous les deux ou trois jours.***

PERLES MÉDICALES

Je suis obsédée par l'âge : je crois que je fais une vieillesse nerveuse.

Mon mari est bloqué du dos. Le radiologue dit qu'il a une hernie fiscale.

Le deuxième jour, son genou allait beaucoup mieux, et le troisième jour, il avait complètement disparu.

Le patient a refusé l'autopsie.

Elle a été opérée pour une descente d'orgasme.

Pour préparer mon bronzage de l'été, je me suis fait ultravioler trois séances.

Mon fils s'est fait opérer des gesticules.

Toubibs - toubibs

Un homme se présente à la porte du paradis. Saint Pierre lui demande :

— *Quelle était votre profession sur terre ?*

— *Médecin.*

— ***Médecin ? L'entrée des fournisseurs, c'est la deuxième à gauche.***

Vacances gâchées

J'ai été blessé pendant mes vacances et comme j'ai dû rester au lit, ***je n'ai donc pas pu profiter de mes jours de repos.***

Difficultés du français

— *Qu'as-tu fait à l'école, mon chéri ?*

— *J'ai li !*

— *Non, on dit : j'ai lu. Et puis ?*

— *Et puis, j'ai écrut.*

— *… Bien, et après.*

— *Après, on a écouté des concerto.*

— *Non, des concerti… Et tu as bien joué à la récré ?*

— ***Oui, et j'ai fait un gros pipo dans les lavabi.***

ÉDUCATION

Philibert s'ennuie chez les amis :

– *Dis, maman, quand c'est qu'on se taille ?*

– *Philibert, ne pourrais-tu pas t'exprimer correctement ?*

– ***Pardon maman, quand se taille-t-on ?***

ÉDUCATION EMBARRASSANTE

— *Dis, maman, c'est quoi une fiancée ?*

— *Euh ! C'est comme si le Père Noël t'offrait un vélo en décembre et que tu ne puisses pas t'en servir avant les vacances de juillet.*

— **Ah bon ! Mais en attendant, est-ce que je pourrais jouer avec la sonnette ?**

Éducation mamie

— *Mon petit chéri, tu fais trop de fautes d'orthographe !*

— *Mais, mamie, Balzac en a fait plein lui aussi.*

— ***Eh bien, tu diras à ton copain que s'il continue, il n'arrivera jamais à rien dans la vie !***

LEÇON DE GRAMMAIRE

– *Joseph, quel est le futur de « Je baille » ?*

– ***Je dors, m'sieur** !*

INFORMATIQUE

Comment dit-on :

Un serveur de réseau ? .... un abreuvware.

Un logiciel très compliqué ? .... un assomware.

Une procédure de sortie d'un logiciel ? .... un aureware.

Un logiciel de nettoyage de disque dur ? ...... une baignware.

Une poubelle de Windows ? .... un dépotware.

Un logiciel anti-virus ? .... un mouchware

Un logiciel pour documents en attente ? ...... un purgatware.

Un logiciel de classement ? .... un tirware.

Une réunion d'informaticiennes cadres ? .... un Tupperware

Un logiciel de demande d'augmentation ? ...... un vatferware.

MALADIE CORSE

— Dominique, qu'est-ce qu'y fait comme études, ton fils ?

— Y fait médecine du travail.

— Du travail ? Je me doutais que c'était une maladie !

LA MARCHE DU PROGRÈS

— Papa, c'est le bon Dieu qui t'a fait ?

— Oui, mon garçon.

— C'est lui aussi qui m'a fait ?

— Bien sûr, mon chéri.

— Je trouve que sa technique s'est bien améliorée depuis 30 ans.

Noël

— Maman, je voudrais une poupée pour Noël.

— Mais, ma chérie, celle que tu as est encore en bon état !

— Et alors ! Moi aussi j'étais en bon état l'an dernier, et t'as quand même commandé une petite sœur !

Pauvre bébé

Un jeune garçon aborde une femme enceinte :

— *Dis madame, c'est quoi que tu as dans ton ventre.*

— *Eh bien, c'est mon bébé.*

— *Ah ? Et tu l'aimes ton bébé ?*

— *Bien sûr que je l'aime.*

— ***Alors, pourquoi tu l'as mangé ?***

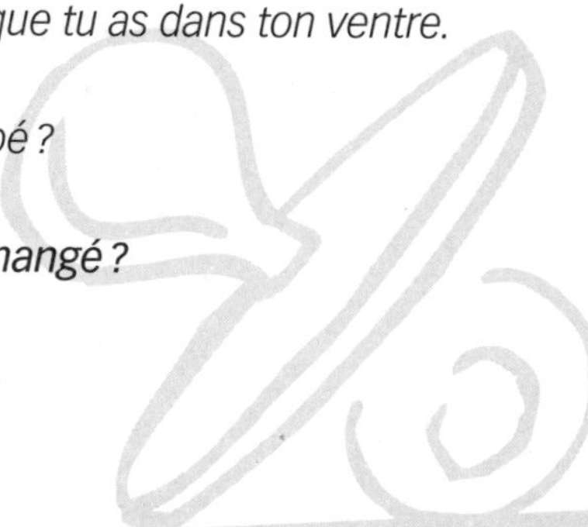

KILOS

Les kilos, ma chère, c'est comme les hommes, un de perdu, dix de retrouvés !

Quand je fais le tour de moi-même, **je suis de plus en plus en retard.**

RÉGIME

– *Vous allez vous mettre à la diète avec seulement 2 pommes cuites au four sans beurre.*

– ***Docteur, c'est à prendre avant ou après les repas.***

Le cahier de mon petit frère

Mon petit frère a trois mois. Il ne peut pas encore marcher, mais il a déjà des pieds.

Tout était prêt. Les invités arrivaient et papa se précipitait sur les dames pour les déshabiller.

La Tunisie se trouve à peu près à égale distance des points les plus éloignés du globe.

Des autos passaient devant les autostoppeuses sans même tourner la tête.

Le coq, après ce bain forcé, s'en retourna vers la basse-cour, tout penaud, en claquant des dents.

Quand je serai grand, j'essaierai d'être pilote comme papa. Si je n y arrive pas, je travaillerai.

EN CLASSE

Le cerveau a des capacités tellement étonnantes qu'aujourd'hui, pratiquement tout le monde en a un.

En 2020, il n'y aura plus assez d'argent pour les retraités à cause des vieux qui refusent de mourir.

En 1934, Citroën révolutionne la construction automobile en sortant la traction à vent.

Les liquides sont incompréhensibles.

Un cheval vapeur est la force déployée par un cheval pour traîner sur un kilomètre un litre d'eau bouillante.

Le gypse sert à fabriquer le dentifrice.

Parents d'élèves

Monsieur, veuillez excuser mon fils, je l'ai utilisé pour mes besoins.

Mon fils adore sa maîtresse, et mon mari aussi.

Demain, mon fils sera absent car je pense qu'il sera malade vu que c'est l'examen.

Vous vous dites professeur et vous ne savez même pas prendre ma fille dans le bon sens !

À LA SÉCU

Mon mari est mort depuis deux mois.
Comment faire pour le sortir de la caisse ?

Comme mon mari doit partir chez les fous,
je l'envoie à votre bureau.

J'ai été victime d'un accident de circulation
provoqué par un chien en bicyclette.

Je me suis marié il y a huit jours.
Dites-moi comment couvrir ma femme.

Cela fait 13 jours que je suis au lit, avec le Dr Dupont, mais je voudrais en changer car il ne m'a encore rien fait.

J'allaite deux enfants et j'ai du mal à joindre les deux bouts.

Je vous renvoie les papiers du docteur comme quoi je suis bien malade et non pas décédé.

Mon mari est pour le moment décédé.

Suite au passage du contrôleur, veuillez m'envoyer un carnet de maternité.

CHEZ L'ASSUREUR

J'ai été victime d'un accident de travail alors que je faisais la sieste sous un pommier.

J'ai heurté brutalement l'arrière de la voiture qui me précédait. Mais grâce à mon casque, ma blessure au poignet est sans gravité.

Je conduisais depuis 40 ans lorsque je me suis endormi au volant.

Depuis son accident, ma femme est encore pire qu'avant. J'espère que vous en tiendrez compte.

Si j'ai reconnu ma responsabilité sur-le-champ, c'est que ce monsieur doit mesurer dans les deux mètres et peser 100 kg, je n'avais donc aucune chance de lui faire entendre raison malgré mon évidente supériorité intellectuelle.

En avançant, j'ai cassé le feu arrière de la voiture qui me précédait. J'ai donc reculé, mais en reculant j'ai cabossé le pare-chocs de la voiture qui me suivait. C'est alors que je suis sorti pour remplir les constats, mais en sortant j'ai renversé un cycliste avec ma portière. C'est tout ce que j'ai à déclarer aujourd'hui.

Circonstances de l'accident : est passé à travers une porte vitrée lors de l'opération « portes ouvertes » de l'entreprise.

Le cycliste zigzaguait sur la route, tantôt à gauche, tantôt à droite, avant que je puisse le télescoper.

Je vous fais remarquer que ce croisement est très dangereux vu qu'il y a deux routes qui se coupent juste à cette place là.

Je ne suis pas responsable du refus de priorité puisque je n'avais pas vu venir la voiture, vous pensez bien que si je l'avais vue, je me serais arrêté.

Au tribunal

Le prévenu doit s'expliquer sur son vol de voiture.

— ***Eh bien voilà... La voiture était stationnée devant un cimetière, alors j'ai cru que son propriétaire était mort.***

À la gendarmerie

Le plaignant, visiblement en état d'ébriété, prétendait s'appeler Jésus et signa le formulaire d'une croix.

L'interpellé a fini par avouer le vol… ainsi que quelques autres meurtres.

Un violent coup de marteau l'avait cloué au lit depuis deux jours.

L'homme nous déclara qu'il avait effectivement frappé son adversaire avec la manivelle, mais en faisant bien attention à ne pas lui faire de mal.

AU COMMISSARIAT

— *Vous voulez disperser un attroupement. Que faites-vous ?*

— ***La quête, monsieur.***

DANS LES ÎLES

– *Avec quoi ramasse-t-on la papaye ?*

– ***Avec une pépelle…***

LE SEXE DES ORDINATEURS

Selon les femmes, il est masculin car :

1. Pour capter son attention, il faut l'allumer.

2. Il a plein d'informations mais aucune imagination.

3. Il est censé nous aider, mais la moitié du temps, il constitue un problème.

4. Dès que vous vous engagez, vous réalisez que si vous aviez attendu, vous auriez eu un modèle plus performant.

Selon les hommes, il est féminin car :

1. Personne, sauf son créateur, ne comprend sa logique interne.

2. Le langage basique qu'il utilise avec un autre ordinateur est incompréhensible de tous.

3. La moindre petite erreur est stockée en mémoire pour être ressortie au moment le plus opportun.

4. Dès que vous vous engagez, vous découvrez que vous devez dépenser la moitié de votre salaire en accessoires.

QUESTIONS IDIOTES

Pourquoi les établissements ouverts
24 heures sur 24 ont-ils des serrures ?

Je veux acheter un boomerang neuf.
Comment puis-je me débarrasser
de l'ancien ?

Pourquoi les ballerines marchent-elles
toujours sur la pointe des pieds ?
Ne serait-il pas plus simple d'embaucher
des ballerines plus grandes ?

Si rien ne colle au téflon,
comment l'a-t-on collé à la poêle ?

Quel est le synonyme de synonyme ?

Pourquoi les zéros, pour valoir quelque
chose, doivent-ils toujours être à droite ?

À quoi ça sert de voter puisqu'il y a
les sondages officiels ?

GENÈSE

Adam demanda à Dieu :

– *Dieu, pourquoi as-tu fait Ève aussi belle, aussi douce, aussi suave ?*

– *Pour que tu puisses l'aimer, Adam.*

– *Et pourquoi l'as-tu faite aussi stupide ?*

– ***Pour qu'elle puisse t'aimer, Adam.***

ACCIDENTS BÊTES

Un homme arrive à l'hôpital avec une jambe cassée.

— *Que vous est-il arrivé ?*

— *J'ai voulu éviter un enfant.*

— *Vous êtes rentré dans un mur ?*

— ***Non, je suis tombé en bas du lit…***

Belle-mère

— *Bonjour monsieur, je suis navré, pour éviter une vieille dame, j'ai écrasé une de vos poules.*

— *Ben, mon garçon, vous pouvez dire que vous accumulez les conneries :*

1) vous évitez ma belle-mère,

2) vous massacrez ma meilleure pondeuse.

ANTIVOL

Un papy se rend à la mairie. Le gardien l'interpelle :

– *Eh, ne posez pas votre vélo ici, monsieur. Le député va arriver !*

– ***Rien à craindre, j'ai mis l'antivol, mais merci quand même !***

ANPE

— *Quel est votre métier ?*

— *Graisseur de clés anglaises.*

— *C'est un métier ça ?*

— *Ben oui.*

— *Quel est votre nom ?*

— *Jean-Jacques Rousseau.*

— *C'est, un nom très connu !*

— **Normal, ça fait 20 ans que je graisse des clés anglaises.**

ANTI-RACISME

Quand on n'est pas raciste, on ne dit pas «un noir» mais «un homme de couleur».

Alors, maintenant, quand je veux acheter un crayon noir, je demande un crayon de couleur.

AUBERGE SPÉCIALE

— *Dites-moi patron, pourquoi cette auberge s'appelle l'Auberge des deux Folles ?*

— *Je ne sais pas. Je vais demander à ma femme.*

— ***Albert** !*

BLONDE EN AVION

Au départ d'un Paris – New York, une blonde munie d'un billet classe économique s'installe en première classe. Le comptage ne correspondant pas, une hôtesse demande le billet d'embarquement à la blonde et lui signifie qu'elle s'est trompée. Mais la blonde n'est pas d'accord et dit :

— *Mademoiselle, je vais vous dire une chose : je suis blonde, je suis jolie, je vais à New York, et j'ai décidé de rester là ! Voilà !*

L'hôtesse va faire le compte-rendu au chef de cabine, qui vient à son tour solliciter notre blonde indisciplinée :

— *Excusez-moi madame, mais vous ne pouvez rester là car votre billet correspond à une place réservée pour vous à l'arrière de la cabine.*

— *Monsieur le chef de cabine, je n'ai que faire de vos états d'âme ; je vous répète que je suis blonde, que je suis très jolie, que je vais à New York, que je ne bougerai pas d'ici, et que je vous dis Pouêt Pouêt !*

Le chef de cabine voulant éviter un scandale dans l'avion va au poste pour demander conseil :

— *Y a une blonde un peu allumée qui s'incruste en première avec un billet en éco, qu'est-ce qu'on fait ?*

Le commandant :

— *Bon je m'en occupe, je connais les blondes, ma femme est blonde…*

Il met sa casquette, va voir la blonde et lui chuchote quelque chose à l'oreille.

La blonde se lève alors d'un seul coup, et en colère dit en partant vers l'arrière :

— *Eh bien, on aurait pu me le dire avant !!!*

Le commandant retourne tranquillement à son poste, et les autres lui demandent :

— *Mais qu'est-ce que tu lui as dit ?*

— ***Simplement que la première classe ne va pas à New York !***

Pour une interview d'embauche

Éviter de :

Mâcher du chewing-gum et tenter de faire des bulles.

Se coucher à plat ventre par terre
pour remplir le questionnaire.

Rire bêtement pendant tout l'entretien.

Demander à voir le CV du recruteur pour être sûr
que le chef du personnel est compétent.

Manger un hamburger prétextant
qu'on n'a pas eu le temps de déjeuner.

Porter un jogging quand on postule
pour un poste de vice-président financier.

Interrompre l'entretien le temps d'appeler
son psychanalyste pour lui demander ce qu'on doit
répondre à certaines questions personnelles.

Vomir sur le bureau du recruteur, puis poser
des questions comme si rien ne s'était passé.

Demander au recruteur s'il ne veut pas
un peu de coke.

Baccalauréat

Le bac, c'est comme la lessive : on mouille, on sèche, et on repasse.

Henri Troyat

Naissance

— *Et votre petit garçon, il pousse bien ?*

— *Oui et il est très en avance. Il marche depuis deux mois.*

— *Depuis deux mois ?* ***Hé bien, il doit déjà être loin*** !

BÊTISIER DES ENSEIGNANTS

Élève fantôme. Fait une apparition de temps en temps.

Toujours dans les nuages. Ne redescend que sous forme de perturbation.

Déserte parfois le bistrot pour assister à mes cours.

Bonne à marier.

Bonus

J'ai heurté une voiture en stationnement et je me suis bien gardé de me faire connaître auprès de l'automobiliste.

J'espère que vous pourrez faire un petit geste en m'accordant un bonus supplémentaire.

Éducation

Un père dit à son garçon :

– *À chaque fois que tu auras une bonne note, je te donnerai 10 euros.*

Le lendemain matin, l'élève va voir son prof :

– ***Ça vous dirait de gagner 50 euros par semaine ?***

Naissances

La famille Patamob pour leur fils Alphonse.

La famille Manfin pour leur fils Gérard.

La famille Liguilly pour leur fils Guy.

CATÉCHISME

Le curé :

– *Sylvia, fais-tu tes prières avant de dîner ?*

– ***Oh non** ! **Ma mère fait très bien la cuisine.***

CHAUSSETTES

— *Tu as vu, une fois, tu as une chaussette rouge et une chaussette verte.*

— ***Je sais, même que j'en ai deux paires comme ça.***

CIMETIÈRE

Un homme demande au gardien :

– *Combien y a-t-il de morts ici ?*

Le gardien réfléchit un peu :

– ***Mais... ils sont tous morts** !*

CLOCHARD INCOMPRIS

– *Madame, je n'ai pas mangé depuis deux jours.*

– ***Mon Dieu... Si seulement j'avais votre volonté.***

COMBLES

Quel est le comble pour un gardien de prison ? Faire de la cellulite.

Le comble pour un sportif dopé, c'est de se faire piquer.

Commande au père noël

Un petit Corse rédige sa lettre au petit Jésus :

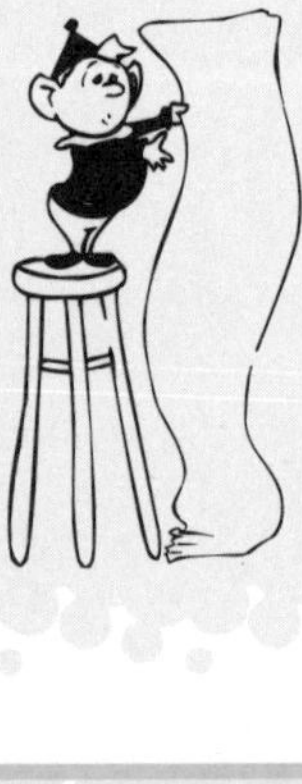

« Petit Jésus, je veux un train électrique. »

Puis, il lui vient une idée. Il chiffonne sa lettre, la met à la poubelle, prend la statue de la Sainte Vierge et la cache sous le lit, puis, il écrit une nouvelle lettre :

« Petit Jésus, si tu veux revoir ta mère, dépose un train électrique sous le sapin de Noël, sans faute ! »

Confession

— Mon père, j'ai commis le péché de chair pendant le Carême.

— Combien de fois, mon fils?

— Mon père, je suis là pour m'humilier, pas pour me vanter.

Contraception féminine économique

Le cachet d'aspirine.

Le placer entre les genoux et **ne le lâcher sous aucun prétexte.**

Conversation de gamins

— Où t'es né toi ?

— À la clinique des Charmilles.

— Pourquoi ? T'étais malade ?

Éducation

— *Lulu, peux-tu me citer les continents ?*

— *Oui, M'dame. L'Asie, l'Afrique, l'Amérique, l'Europe, l'Océanie et Papi.*

— *Papi ? Pourquoi Papi ?*

— ***Ben, maman dit que Papi est incontinent.***

Hélicoptères belges

Un hélicoptère s'est écrasé sur un cimetière en Belgique. Les sauveteurs ont déjà dégagé plus de 300 corps.

Un pilote d'hélicoptère est découpé en rondelles lors d'un essai de siège éjectable...

Crime parfait

Quand quelqu'un vous dit : « *Je me tue à vous le dire* », laissez-le mourir !!!

CULTURE INDISCRÈTE

Une concierge à sa voisine :

– *Hier, j'ai lu les lettres de Mme de Sévigné.*

– ***Oh, là là ! Faites attention : si ça se savait !***

CURIOSITÉ

À Plaisir, dans les Yvelines, il est inscrit sur le monument aux morts : « **Aux morts de Plaisir** ».

DANS LE MÉTRO

Dans la cohue du métro, une jeune femme dit à un homme qui, tranquillement, colle la main sur sa fesse :

— *Dites donc, vous ne pourriez pas mettre votre main ailleurs ?*

— ***Bien sûr que si, madame, mais j'attendais votre autorisation !***

DÉBORDEMENTS

Les fleuves et les femmes se livrent à des débordements : les premiers en sortant de leur lit, les secondes en y entrant.

Nouvelles délicatesses de langage

Un aveugle, se dit un non-voyant

Un sourd, se dit un non-entendant

Un con, se dit un non-comprenant

Dénominateur commun

Le boxeur pare les coups.

La couturière parle et coud.

Le joaillier pare les cous.

DÉFINITIONS HORS PISTE

Facteur : homme de lettres

Homme de peine : contraire de fille de joie

Monocle : verre solitaire

Toréador : boucher à l'arène

Partouze : transport en commun

Zizi : Bout d'un Noir – Bout d'un Blanc

Quidam : Monsieur qui passe le premier sur la neige.

Pinailleur : Mari infidèle.

Mariés : Condamnés de draps communs

Locataires : Vieux vêtements jetés sur le sol.

Diplomate et jeune fille

Un diplomate qui dit oui, ça veut dire peut-être.
Un diplomate qui dit peut-être, ça veut dire non.
Un diplomate qui dit non, ce n'est pas un vrai diplomate !
Une jeune fille qui dit non, ça veut dire peut-être.
Une jeune fille qui dit peut-être, ça veut dire oui.
Une jeune fille qui dit oui, ce n'est pas une vraie jeune fille !

DOUANES

Un Corse passe la douane italienne.

— *Ouvrez le coffre.*

Une chèvre apparaît.

— *C'est quoi, ça ?*

— *C'est mon chien.*

— *Vous vous moquez de moi. Il a des cornes !*

— ***Oh. Moi, sa vie privée ne me regarde pas !***

DOUANIERS

Il existe deux types de douaniers : les manuels et les intellectuels.

Les manuels font signe de passer avec la main.

Les intellectuels le font avec la tête.

ÉCOLE DE KARATÉ ?

Sur la porte d'entrée, il est marqué : « **S'il vous plaît, entrez sans frapper** ».

ET DIEU CRÉA LA FEMME

La femme est, selon la Bible, la dernière chose que Dieu a faite. Cela devait être le samedi soir. **On sent la fatigue** !

Alexandre Dumas fils

EXAMEN DE MÉDECINE

— *Citez-moi ce qui provoque la sudation.*

— ***Vos questions, monsieur.***

Explorateur

Un missionnaire rencontre un lion en Afrique. Transi de peur, il prie :

— *Mon Dieu, donnez de saintes pensées à cet animal féroce.*

Le lion se met alors à genou et dit :

— ***Mon Dieu, bénissez le repas que je vais prendre.***

Farce dangereuse

À l'heure habituelle du pastis, Marius, pour faire une blague, verse des petits plombs dans le verre d'Olive qui est parti aux toilettes. Celui-ci revient, trinque et boit son verre d'un trait.

Le lendemain, au rendez-vous habituel :

— *Alors ça va ? Tu as l'air bizarre.*

— ***Non... enfin si... il s'est passé un drôle de truc : hier soir, en pétant, j'ai tué le chat.***

FESTIVAL COLUCHE

C'est pas parce qu'ils sont nombreux à avoir tort qu'ils ont raison !

Mon psychiatre, pour 15 000 F il m'a débarrassé de ce que j'avais : 15 000 F.

Moi, je connais un gynécologue : pour ne pas perdre la main pendant les vacances, il repeint le corridor en passant la main par la boîte aux lettres.

Heureusement qu'ils ne sont pas dans le bâtiment, à la Sécu ! Ils auraient les doigts pris dans le béton.

Les technocrates, c'est les mecs que, quand tu leur poses une question, une fois qu'ils ont fini de répondre, tu comprends plus la question que t'as posée.

Fin stratège :
(tout le monde dort)

— Mamaaaan! Apporte-moi un verre d'eau. J'ai soif.

— Firmin, il fallait y penser avant de te coucher. C'est non!

(5 minutes après)

— Mamaaaaaaan! Je veux un verre d'eau.

— Firmin. si tu insistes, je viens te mettre une fessée!

(5 minutes après)

— Mamaaaaaaan! Quand tu viendras me mettre une fessée, tu peux m'apporter un verre d'eau?

Fraîcheur et fraîcheur

Dans un square, un homme dit à une jolie dame :

— Ne vous asseyez pas sur ce banc, la peinture est fraîche.

— Ça ne fait rien, je me suis bien couverte.

Gourmandise

Le frère de Toto est furieux :

— *Tu as mangé tout le gâteau sans penser à moi.*

— *Bien sûr que si j'ai pensé à toi. Tout le temps que je mangeais,* ***je pensais : « Pourvu qu'il n'arrive pas tout de suite »****.*

GRAND CHOIX CULINAIRE

Sur la porte d'un restaurant, il est inscrit « ici, on sert de tout ». Un client s'attable et dit :

– *Je voudrais une tranche de baleine,*

– *Je ne peux pas. Monsieur.*

– *Mais il est inscrit : on sert de tout.*

– ***Oui, nous en avons, mais je ne peux pas entamer une baleine pour vous seul !***

Guérison inquiétante

La méningite est une maladie très grave : soit on en meurt, soit on en devient fou. **Eh bien, moi qui vous parle, j'en ai eu deux !**

HISTOIRE DE BASSE-COUR

Par un vent glacial, une poule sort :

– *Oh ! Quel froid de canard !*

Un canard répond :

– *Oui ! J'en ai la chair de poule.*

HISTOIRE DE BISTROT

– *Garçon, que fait cette mouche dans ma glace ?*

– ***Je suppose, Monsieur, qu'elle aime les sports d'hiver !***

ENTRE COCHONS

Un sanglier rencontre un cochon et lui dit :

– ***On t'a fait de la chimio ?***

HISTOIRE DE PAYSANS

– *Fernand, je te signale que ton chien, il a bouffé mon coq.*

– *Bon, ça va, je le remplacerai ton coq.*

– ***Alors, demain à 5 heures du matin précises pour chanter sur le tas de fumier !***

Histoire d'aviation

Le copilote circule parmi les passagers pendant la croisière. Il tombe en arrêt devant le spectacle d'une jeune maman allaitant son bébé. Celle-ci agacée dit :

— *« Ben quoi ? Vous n'avez jamais vu un ravitaillement en vol ! »*

Histoire d'eau

— *Deux brebis Babi et Baba sont dans un bateau. Soudain, Baba tombe à l'eau, que se passe-t-il ?*

— ***Eh bien, Babi bêle et baba coule.***

HISTOIRE PAS RACISTE

Quelle est la différence entre la marine et un Arabe ?

Aucune.
La marine marchande, l'Arabe aussi.

Histoire raciste

Dans un cocktail officiel, un raciste est assis près d'un Africain.

On trinque : *« Good glou glou »*, lui dit-il.

On mange : *« Good miam-miam »*, ajoute-t-il.

Puis, l'Africain est invité à parler. Il se lève et fait un discours fracassant. Applaudissements délirants.

Il se rassied et dit à l'autre : « Good bla bla bla ».

Histoire de machos

Il a été récemment prouvé que la bière contient des hormones féminines. Or, il y a longtemps que l'on a remarqué qu'un homme qui boit une dizaine de bières ne sait plus conduire et dit n'importe quoi.

Interview trottoir

— *Connaissez-vous la fugue de Bach ?*

— ***La vie privée des gens ne me regarde pas !***

INVENTION

Contrairement à ce que l'on croit, les W.C. à la turque ont été inventés par les Belges. **Ce n'est que deux siècles plus tard que les Turcs ont ajouté le trou.**

ON N'ARRÊTE PAS LE PROGRÈS

Trois hommes d'affaires :

L'Allemand : Trink ! Trink ! (sonnerie). Il met le pouce à l'oreille, et l'auriculaire à la bouche :

— *Ya, ya, danke schön. Bite ? Ya, auf Wiedersehn !*

Nouveau micro-téléphone-prothèse, main gauche ! Super non ?

L'Américain : Groulou ! groulou ! (sonnerie). Il laisse les mains dans les poches :

— *Hello, John, yes I do. Thank you, bye.*

Nouveau micro-téléphone prothèse dentaire, deux mains libres !!

Le Français lâche un pet :

– *Excusez-moi, messieurs, je crois que je reçois un fax.*

JAMBES

Les jambes permettent aux hommes de marcher et aux femmes de faire leur chemin.

Alphonse Allais

LOGIQUE

Un clochard fait la mendicité à une vieille dame.

— *Madame, je n'ai rien mangé depuis trois jours.*

— ***Eh bien, il faut vous forcer, mon vieux !***

LOGIQUE JUNIOR

— *Maman, pourquoi la mariée est habillée tout en blanc ?*

— *Mon chéri, c'est parce que le blanc est la couleur de la joie et du bonheur*

— *Alors pourquoi le marié il est en noir ?*

EXPLOIT JUNIOR

Un garçon rentre chez lui :

– *M'man, j'suis tombé de vélo !*

– *Quoi ! avec ton pantalon tout neuf !*

– ***Ben oui, j'ai même pas eu le temps de l'enlever.***

ÉVIDENCE

Un homme entre nu dans un restaurant ; il est mis dehors séance tenante. L'homme se dit alors :

« ***J'ai compris, ils se sont aperçus que je n'avais pas de quoi payer.*** »

MAMIE STARTREK

Mamie entre dans la chambre des enfants :

— *Mais qu'est-ce que vous faites tout nus ?*

— *On n'est pas nus, mamie, on a mis le pyjama de l'an 2000.*

— *Ah là là ! Qu'est-ce que vous m'inventez encore !*

Mamie, songeuse, va se coucher. Papi arrive au lit :

— *Tiens, tu dors toute nue, maintenant ?*

— *Mais non, j'ai mis le pyjama de l'an 2000 !*

— ***Ben, il est pas bien repassé, ton pyjama !***

Mémé branchée

Une vieille dame, avec deux sacs pleins de courses, rencontre deux jeunes.

— *Dites les jeunes, si vous montez mes sacs chez moi, au 3e, je vous donne un euro chacun.*

— *Eh, même, un euro c'est oualou!*

— *Et du chitt, ça vous intéresse?*

— *Pas vrai, même, t'as du chitt, toi?*

— *Ben, oui.*

— *Bon. C'est OK, donne tes sacs.*

Arrivés à la cuisine, la vieille dame ouvre son frigo et dit:

— ***Chitt orange ou chitt citron?***

Mouchard

Un Belge assiste à un concert. À l'entracte, il fait passer un billet au chef d'orchestre sur lequel il est écrit: « **Je vous informe que l'homme qui frappe sur la grosse caisse ne joue que lorsque vous le regardez.** »

Nouveau statut

Ma maison ayant été emportée par un glissement de terrain, **je me retrouve sans domicile fixe.**

Nudité

La première fois que j'ai vu une femme nue, j'ai cru que c'était une erreur.

Woody Allen

PAPA PAS CONTENT

En robe de chambre sur le palier :

— *Écoutez jeune homme, premièrement, je vous avais dit de ramener ma fille à minuit et il est quatre heures du matin !*

Deuxièmement, ce n'est pas ma fille !

PÊCHE MIRACULEUSE

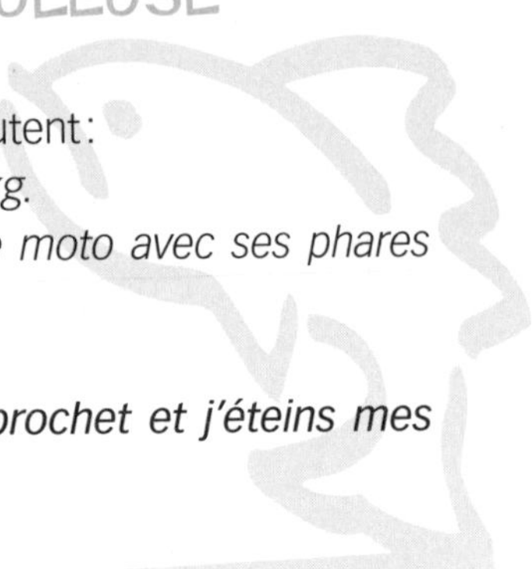

À Marseille, deux pêcheurs discutent :

— *J'ai pêché un brochet de 40 kg.*

— *Eh bien, moi, j'ai péché une moto avec ses phares allumés.*

— *Ça n'est pas possible !*

— ***D'accord, fais maigrir ton brochet et j'éteins mes phares*** !

PESSIMISME

Non seulement Dieu n'existe pas, mais essayez donc de trouver un plombier le dimanche.

Woody Allen

POSTULAT « INTELLO »

L'intelligence, c'est comme le parachute... Quand on en n'a pas, on s'écrase !

PRESTIGE NATIONAL

L'Américain : *« Moi, Bill »*. Il lance une pièce en l'air, dégaine son pistolet et perfore la pièce au centre : *« Buffalo Bill ! »*

Le Russe : *« Moi aussi, Bill »*.

Il baisse le pantalon et exhibe trois zizis et six testicules : ***« Tcherno-Bill »***.

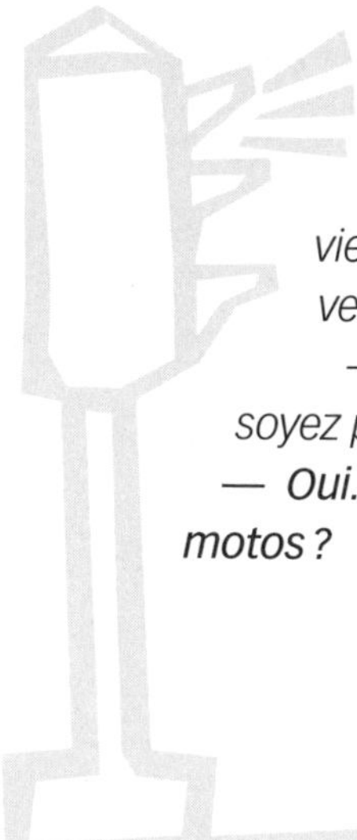

Petit malentendu

— Allo ? Le commissariat, je viens d'écraser deux poulets qui traversaient la route.

— Bon, jetez-les sur le bas-côté et soyez prudent à l'avenir.

— Oui. Mais qu'est-ce que je fais des motos ?

Petite annonce

Cause fausse alerte, vend cercueil, neuf tout acajou. Prix intéressant.

Promiscuité

Que peut-on dire quand une fiancée a trop bu ?

C'est déjà la promise cuitée.

Prophéties

Le métier de prophète est extrêmement difficile. Surtout en ce qui concerne l'avenir.

Jean d'Ormesson

Publicité fantasme

Deux homosexuels en décapotable s'arrêtent devant un garage pour vérifier les niveaux. Un panneau publicitaire annonce :

« Avec Veedol, on s'envole ».

Le chauffeur dit au garagiste :

— *Vous n'auriez pas plutôt de la Motul ?*

Pudeur

Si ça me gênait de poser nue ? Non pourquoi ? Le studio était très bien chauffé.

Marilyn Monroe

Record suisse

C'est l'histoire d'un Suisse qui est arrivé à terminer un puzzle en deux mois et qui est fou de joie parce qu'il est marqué sur la boîte : **3 à 5 ans**.

Restaurant

À la fin du repas, le client dit au patron:

— *C'était excellent.* ***Vous ferez mes compliments au congélateur!***

Restaurant belge

— *Qu'est-ce qu'on vous sert?*

— *Je veux manger ce que mange le monsieur, là, en face.*

— ***Je vais essayer, monsieur, mais ce ne sera pas facile de lui enlever son assiette.***

Restez cool

Si un Québécois vous propose d'enfiler votre femme, c'est seulement qu'il veut lui donner le bras.

Retenues suspectes

Toto à l'institutrice:

— *à force de me garder en retenue tous les soirs, vous n'avez pas peur que votre mari se fasse des idées?*

Rhume de cerveau

Ceux qui sont souvent victimes de cette affection doivent réaliser que les microbes s'attaquent toujours à la partie la plus faible de l'individu.

Iches

— Jean-Charles, il faut absolument renvoyer le nouveau chauffeur... Cet après-midi, il a failli m'écraser deux fois!

— Voyons, ma chérie, laissons-lui encore une dernière chance!

Salle de bains

— Firmin! Vous pourriez frapper avant d'entrer!

— Que monsieur m'excuse, je croyais que c'était madame...

SAN ANTONIO

Un pétomane est mort. Pet à son âme.

Il avait l'air de regarder au fond de lui-même pour voir s'il y était.

Certaines gens ont tellement honte d'emprunter qu'elles n'osent pas rendre.

Il n'existe pratiquement aucune différence entre un Anglais en érection et un Italien impuissant.

La culture, c'est connaître cent mots de plus que les autres.

Je reste persuadé qu'un kilo de plumes est moins lourd qu'un kilo de plomb. Laisse-toi tomber l'un et l'autre sur les pieds, et tu me donneras raison.

Bavarder est bien commode : ça évite de parler.

Un homme intelligent n'est pas autre chose qu'un con raté.

Il était aussi sympa qu'un gravillon dans une godasse.

Séduction

Deux hommes dans un bar s'observent :

— *Vous savez que je vous trouve très beau.*

— *Je pensais la même chose de vous.*

— *Vous en êtes ?*

— *Non et vous !*

— *Moi non plus.*

— ***Dommage !***

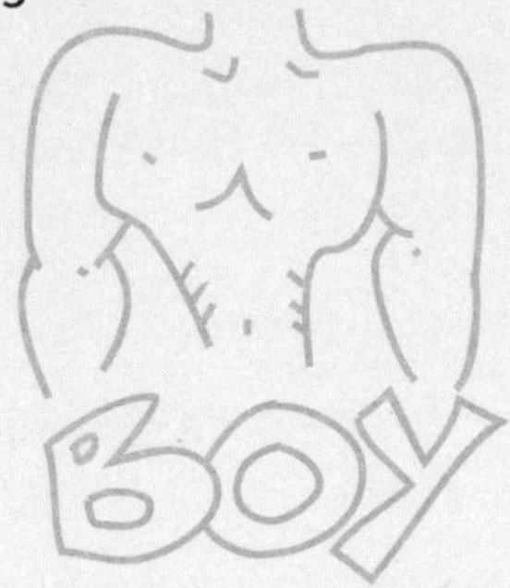

Sentiments

D'après les données de la morpho-psychologie, les fesses seraient le siège des sentiments. C'est peut-être pour cette raison que la fessée aurait la réputation de remettre les idées en place.

Mais aussi que penser quand une femme se dit très sentimentale ?

Spectacle au restaurant

Dans un restaurant, un routier s'assoit devant un vieux monsieur qui mange sa soupe très bruyamment.

Soudain, celui-ci éternue et perd du coup son dentier, qui tombe dans la soupe, mais croyant l'attraper au vol, envoie son assiette par terre.

En se baissant pour ramasser le tout, il lâche un bruit incongru. Tout confus, il se relève et tente d'étouffer un hoquet.

Le routier lui demande alors :

— *Et avec les oreilles, vous ne savez rien faire?*

Tentation

Dépêchez-vous de succomber à la tentation avant qu'elle ne s'éloigne.

Casanova

Toto au confessionnal

— *Mon père, j'ai commis le péché de chair,*
— *Avec qui, mon fils ?*
— *Je ne peux pas le dire.*
— *Bernadette ?*
— *Non, mon père.*
— *Alors, Sylvie ou Odette ?*
— *Non, je ne peux pas le dire,*
— *Tant pis pour toi, tu n'auras pas l'absolution !*

Toto sort du confessionnal et dit à son copain qui attend son tour :

— *Super ! J'ai trois bonnes adresses…*

TOUT PRÉVU

Savez-vous pourquoi nos amis belges, quand ils dorment, ont un verre vide et un verre plein sur leur table de nuit ?

Parce que la nuit, quand on se réveille, des fois on a soif et des fois on n'a pas soif.

TRANSGÉNIQUE

Chéri, avant d'aller promener la tomate, pourrais-tu me cueillir quelques chiens ?

TRANSSEXUEL

Quel animal peut changer de sexe en moins de deux secondes ? **Le morpion**.

ULTRA COURTE

Ce sont deux prostituées qui se disputent (**disent putes**).

UNE VENDEUSE DÉSABUSÉE

Un jeune homme entre dans une librairie :

— *Je cherche un livre qui s'appelle : « l'Homme, le sexe fort ».*

— ***Les romans de science fiction, c'est au fond.***

Vacances au féminin

— *Où t'as été cette année ?*

— *J'me suis fait un grand raid dans le Hoggar… Et toi ?*

— ***Oh moi, juste un p'tit mou dans le Massif central.***

Vacances en Espagne

— T'étais où en vacances ?

— J'étais à San Juan.

— On dit Sane Rouane !

— Bon ! Et puis j'ai rencontré Juanita.

— Non, on dit Rouanita !

— Bon ! Et elle m'a appris la Jota.

— Oh là là ! On dit la Rota ! Mais t'es resté combien de temps ?

— **Ben… Tout Ruin Ruillet !**

Vigueur et troisième âge

Deux vieux « qu'ont d'l'âge » se retrouvent.

L'un se plaint que ses performances avec les femmes sont maintenant nulles.

Pour l'autre tout va bien.

Après avoir comparé leur mode de vie, la seule différence est que l'autre mange énormément de pain. Le premier fonce alors chez sa boulangère et demande dix baguettes, trois pains de campagne et deux pains de seigle (il vit seul).

— *Tant que ça ? Mais ça va durcir,* dit la boulangère.

— ***Ah bon, vous savez, vous aussi ?***

Vacances spéciales

Deux vieilles dames très XVIe discutent dans une maison de repos :

— *Avez-vous pris des vacances ces dernières Pâques ?*

— *Oh ! ma pauvre, j'ai été dans le coma pendant 15 jours.*

— ***Ah ? Et vous avez eu du beau temps ?***

Viagra

Peu de gens savent que le Viagra a été inventé aux Indes dans la ville de Viagra… **c'est dans le Boukhistan**…(bout qui s'tend).

VOITURE FAMILIALE

– C'est ta voiture celle-là ?
– Oui et non !
– Comment ça oui et non ?
– Ben, c'est-à-dire que :
Pour les courses, c'est celle de ma femme,
Pour aller en boîte, c'est celle de ma fille,
Pour le foot c'est celle de mon fils
Et pour les pleins d'essence c'est la mienne.

Zizi bègue

Louis Jouvet dit un jour à l'un de ses amis bègue :

— *Vois-tu, mon cher, avec mes problèmes de prostate, je pisse comme tu parles.*

VIVE LA SÉCU

Deux lions s'échappent chacun de leur côté du Zoo de Vincennes. Trois mois après, ils se rencontrent. L'un est repu et l'autre est squelettique.

– *Mais comment te débrouilles-tu, demande celui-ci ?*

– *Eh bien, j'ai trouvé un resto super. Tous les soirs, je me mets à la sortie de la Sécu et je me chope un chef.* ***Depuis 3 mois, ils ne se sont encore aperçus de rien.***

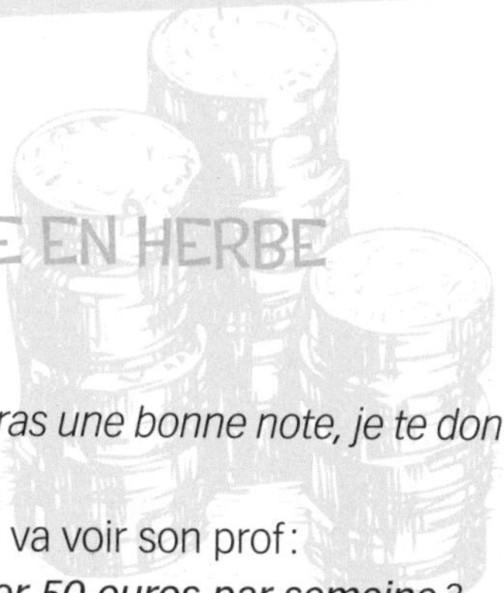

AFFAIRISTE EN HERBE

Un père dit à son garçon :

— *À chaque fois que tu auras une bonne note, je te donnerai 10 euros.*

Le lendemain matin, l'élève va voir son prof :

— *Ça vous dirait de gagner 50 euros par semaine ?*

JOHNNY HALLYDAY MÉDIUM

Au milieu de son rally Paris-Dakar, Johnny Hallyday a eu son pot d'échappement qui à moitié détaché traînait par terre. Il lui aurait fallu au moins du fil de fer mais il ne l'avait pas.

Un bédouin vint à passer par là avec son chameau, son chien et sa chèvre, et lui dit :

— *Alors chef, t'y es en panne ?*

— *Ben oui, t'aurais pas du fil de fer ?*

— *Si chef, avec le chameau, j'ai tout prévu la quincaille dépannage !*

Super ! Le pot est vite refixé, et Johnny se confond en remerciements.

— *J'veux te faire un cadeau, tiens une cartouche de cigarettes ?*

— *Merci, j'fume pas.*

— *Alors un tee-shirt avec ma photo ?*

— *Non, j'mets pas de tee-shirt.*

— *Alors, j'sais pas... Tiens, je fais de la télépathie avec les animaux, ça t'intéresse de savoir ce qu'elles pensent tes bestioles ?*

— *Ah, ça oui ça m'intéresse ! Qu'est-ce qu'y dit mon chameau ?*

— *Il dit que tu oublies trop souvent de lui donner à boire.*

— Oh, il exagère, et le chien y dit quoi ?

— Il dit qu'il en a marre d'avoir des coups de pied au cul.

— C'est vrai, mais il obéit pas.

— Bon, alors la chèvre…

— Non, c'est pas la peine, c'est qu'une menteuse, elle dit que des conneries !

PERLES DES JOURNAUX

Ses hémorroïdes l'empêchaient de fermer l'œil.

L'hôpital va recevoir prochainement un appareil de réanimation dernier cri.

L'église étant en travaux, les obsèques auront lieu à la salle des fêtes.

Détail navrant, cet homme avait déjà été victime l'an dernier d'un accident mortel.

Journée du sang : s'inscrire à la boucherie.

C'est la foire aux veaux et aux porcs : venez nombreux !

Surprises de confessional

Le curé au bedeau:

— *Dis donc Léon, comment se fait-il que mon vin de messe «s'évapore» aussi vite?*

— *Ben j'sais pas!*

— *Moi je vais te rafraîchir la mémoire; passe donc au confessionnal.*

Dans le confessionnal:

— *Qui c'est qui boit le vin de messe à la sacristie?*

— *Comment?*

— *Je dis: Qui c'est qui boit le vin de messe à la sacristie?*

— *J'comprends pas c'que vous dites, mon Père!*

— *Oh! T'es devenu sourd? Qui boit le vin de messe à la sacristie?*

— *Mon Père, j'vous jure, on n'entend rien d'ici! Venez à ma place vous rendre compte.*

— *Alors ça c'est nouveau, alors!*

Chacun inverse sa place, et le bedeau dit:

— *Qui c'est qui se fait la boulangère tous les jeudis?*

— ***C'est vrai, on n'entend rien d'ici.***

Quel âge ?

— Mémé, quel âge tu as ?

— OUUUUUU ! Je ne sais même plus, depuis le temps !

— Ben Mémé, tu n'as qu'à regarder dans ta culotte !

— Dans ma culotte ?

— Oui, moi c'est marqué dans la mienne : 6 ans.

REMÈDE

TRÈS SIMPLE

Sur une grande station de forage pétrolier en mer, deux collègues se rencontrent de temps en temps.

– *Comment ça va ?*

– *Ben, j'ai un mal au cul, j'te dis pas ! Des crampes terribles !*

– *Moi j'ai eu ça aussi il y a 6 mois.*

– *Et qu'est-ce que t'as fait ?*

– *Rien. Je suis retourné voir ma femme, et puis fini.*

– *Ah ?*

Quinze jours après, les deux se rencontrent à nouveau :

– *Alors, et tes crampes au cul ?*

– *Fini !*

– *Ah ? Et t'as fait quoi ?*

– ***Ben comme toi, j'ai été voir ta femme.***

FANTASMES DANS L'AUTOBUS

Une beauté vient s'asseoir en face d'un jeune homme en train de lire.

Les yeux de celui-ci s'égarent soudain sur des jambes merveilleuses, couleur biscotte, puis remontent doucement jusqu'aux genoux, des genoux OUAAOU ! puis se portent sur des hanches plus qu'accueillantes, avant de se fixer sur un décolleté suggérant des seins OUAAOUUUU !!! Le trajet s'effectue en sens inverse : un vrai bonheur ! Après de nombreux balayages visuels torrides, la jolie demoiselle s'adresse au jeune homme et lui dit :

– ***Bon, si vous pouviez me rhabiller, je descends à la prochaine.***

SERVICE APRÈS-VENTE

Une femme achète une armoire chez IKEA. Arrivée à la maison, son mari en fait le montage selon la notice. Mais au premier passage de l'autobus devant l'appartement, l'armoire s'écroule. Le mari et la femme relisent bien la notice et remontent l'armoire. Au passage suivant de l'autobus, BADABOUM ! L'armoire s'écroule encore. Troisième essai, pareil !

Il est alors décidé de faire venir le service après-vente IKEA pour élucider le mystère.

Le lendemain, un Noir se présente pour régler le problème. La dame est seule et le laisse à son affaire. L'homme remonte l'armoire et décide de se mettre à l'intérieur à l'heure où passe le bus. À ce moment, le mari rentre du travail, va directement à l'armoire, et y trouve le Noir. Celui-ci un peu désemparé lui dit :

– ***Vous n'allez pas me croire, mais j'attends le bus.***

Histoire d'homos

Un homo revient de vacances en Afrique. Il tire une gueule pas possible.

Son copain lui demande ce qu'il a, mais il se contente d'esquiver en demandant qu'on lui fiche la paix. Au bout d'un moment l'autre revient à la charge :

— *Mais qu'est-ce que tu as ? Je t'ai rien fait, zut alors !*

— *Ah laisse-moi, je suis triste, c'est tout.*

— *Bon, d'accord, mais je suis quand même ton ami ; je peux peut-être t'aider.*

— *Non !*

— *Si ! Allez ! Dis-moi tout !...... Allez ! Tu devrais être en pleine forme ; qu'est-ce qui t'arrive ?*

— *Bon, on est allés faire un safari.*

— *Et alors ?*

— *Ben, le deuxième jour, je me suis trouvé nez à nez avec un énorrrrrme gorille !*

— *Et alors ?*

— *Ben il a foncé sur moi sans que j'aie eu le temps de faire quoi que ce soit, il m'a pris sous le bras, ...(snif)... il m'a emmené dans un fourré.*

— *Bon, mais tu t'en es sorti vivant puisque tu es là ! Tu devrais être content !*

— Oui mais tu sais, moi ici... lui là-bas... (snif).

DRÔLE DE RENCONTRE

Dédé le camionneur roule en pleine nuit dans une forêt en écoutant la radio quand il tombe sur une émission qui raconte :

« Chers amis auditeurs, notre niveau de civilisation se développe très vite et commence à intéresser nos frères du ciel habitant sur d'autres planètes, d'autres galaxies. Bien sûr, ils ont une avance considérable sur nous, mais viennent parmi nous avec leurs vaisseaux de l'espace et leurs soucoupes pour nous aider discrètement.

Donc, si vous avez la chance de rencontrer de ces bons humanoïdes, accueillez-les avec gentillesse. Ils sont petits, avec des grands yeux et des bras très longs ; ils comprennent toutes les langues grâce à des transducteurs automatiques, mais il faut néanmoins leur parler lentement en articulant bien pour vous présenter et leur souhaiter la bienvenue sur terre… »

Dédé n'en croit pas ses oreilles, et considérant que c'est de la foutaise, change de canal… Dix minutes se passent, et alors qu'il est toujours dans la forêt, il aperçoit sur la route au loin des feux tournants de toutes les couleurs, un vrai sapin de Noël. Au fur et à mesure qu'il s'approche, son cœur se met à battre, et il ne peut s'empêcher de penser à ce qu'il vient d'entendre. À un moment, il décide de s'arrêter sur le bas-côté. Les feux sont stationnaires. Une allée forestière suit la route sur les cent mètres qu'il reste à faire. Alors Dédé, partagé entre la curiosité et le trac avance prudemment à pied vers l'aventure ; et soudain, dans l'ombre, contre un buisson, ah ! un petit bonhomme de un mètre de haut, avec des grands yeux, et des bras jusqu'au sol ! Ses idées s'embrouillent, il se rappelle des recommandations. Il dit alors :

— *Bon-jour ! Je - map - pelle Dé - dé. Je - suis - chauf - feur - de - ca - mion. Je - vous - sou - hai - te - la - bien - ve - nue - sur - no - tre - pla - nè - te.*

L'autre répond :

— *Bon - jour - moi - je - m'ap - pelle - Lu - lu. Je - suis - am - bu - lancier - et - je - suis - en - train - de - CHI - ER !*

conception
réalisation
mise en page
pca
44405 Rezé cedex

Dépôt légal : novembre 2008
IMPRIMÉ EN FRANCE

IMPRIM'VERT

Achevé d'imprimer le 24 novembre 2008
sur les presses de l'imprimerie « La Source d'Or »
63039 CLERMONT-FERRAND
Imprimeur n° 14022